www.tredition.de

Marianne Heinrich

Nanne

Eine Kindheit im 2. Weltkrieg und Jugend in der DDR

Autobiografische Erzählung

www.tredition.de

Verlag und Druck: tredition GmbH, Halenreie 40-44, 22359
Hamburg

ISBN
Paperback: 978-3-347-34386-3
Hardcover: 978-3-347-34387-0
e-Book: 978-3-347-34388-7

1. Teil

Eine zunächst unbeschwerte Kindheit

Ich heiße eigentlich Marianne, wurde aber irgendwann als Kind von meiner Mutter vorwurfsvoll Nanne genannt, nachdem ich etwas angestellt hatte. Seitdem bestand ich darauf, stets von allen Nanne genannt zu werden.

Geboren wurde ich 1934 und meine ersten Lebensjahre verbrachte ich mit meiner Mutter und meiner vier Jahre älteren Schwester Ruth in einer kleinen Wohnung inmitten eines großen, parkähnlichen Gartens, im kleinen Städtchen Ebersbach in Sachsen, direkt an der Grenze der Tschechoslowakei. Die Eigentümer dieses Parks waren Fabrikbesitzer. Meine Mutter arbeitete als Haushälterin in deren Villa.

Mein Vater war seit 1939 auf Geschäftsreise, aber wie ich erst viel später erfuhr, war er eigentlich Soldat im 2. Weltkrieg. Unsere Mutter musste uns die meiste Zeit allein großziehen und zusehen, wie sie mit uns beiden wilden Mädchen zurechtkam.

Auf dem großen Villengrundstück gab es etwas abgelegen Wiesen mit Schafen und Hühnern, einen Reitstall, einen Heuschober, einen verwunschenen Gartenteich, viele riesige Rhododendronbüsche, eine verborgene Gartenlaube, ausufernde

Blumenbeete und viele uralte Bäume. Ich spielte in dieser wunderschönen Kulisse alle mir bekannten Märchen durch und war mal Dornröschen, Schneewittchen, Schneeweißchen oder Rosenrot, Rumpelstilzchen und Goldmarie.

Im Gartenteich suchte ich Frösche und warf massenhaft Steine hinein, in der Hoffnung einer würde auftauchen, sich vergolden und wäre dann mein Prinz und ich die Prinzessin. Daraus erwuchs meine große Vorliebe, Frösche zu fangen und mit nach Hause zu nehmen, sehr zum Entsetzen meiner Mutter, welche den Inhalt der gefüllten Wassergläser regelmäßig freiwillig in den Teich entsorgte, seit ein Frosch einmal in der Margarinedose gesessen hatte.

Ich weiß noch, dass ich mich sehr überwinden musste, aber habe trotzdem auch versucht einige Frösche zu küssen. Am allerliebsten aber war ich Genoveva, welche von ihrem Gemahl verstoßen wurde und mit ihrem Sohn im Wald lebte, wo sie irgendwann gefunden wurde. Mein Pferd war eine ausrangierte, rot lackierte hölzerne Gardinenstange, als Zügel dienten dicke Bindfäden. So ritt ich völlig versunken durch den Garten. Meine Schwester saß oft auf einem der hohen Bäume und las den ganzen Tag und wollte nichts mit mir zu tun haben.

Ich war ein wildes Kind und konnte mich richtig austoben. Für die richtige Umgebung hatte meine Mutter ja zum Glück gesorgt. Sie selbst ging mit ihren Kränzchendamen gern abends mal aus, meist ins Kino, ins Schaumburg.

In den Sommerferien durften wir Kinder bis etwa 21 Uhr draußen bleiben. Wenn Kinozeit war, leider nicht, da hieß es um 19 Uhr reinkommen, waschen, essen, nochmal waschen und ins Bett. Kaum war meine Mutter aber durch das kleine, hintere Gartentor verschwunden, kletterten wir Kinder durch ein Kellerfenster nach draußen. Aus den umliegenden Gärten stibitzten wir Erdbeeren, Äpfel, Birnen oder Pflaumen, eben was es gerade gab und blieben so lange auf der Wiese sitzen bis wir die Geräusche der heimkommenden Mutter hörten. Dann ganz schnell zurück und mit unseren klebrigen Schätzen ins Bett und unter die Bettdecke.

Leider flog die Geschichte irgendwann auf, nämlich als ich mit meinem Obst im Arm eingeschlafen war. Dies brachte mir am nächsten Morgen nicht nur den Ärger meiner Mutter, sondern auch den Zorn meiner Schwester ein, welche so eine wie sie sagte „dumme Göre" wie mich nun nicht mehr einweihen, geschweige denn auf ihre Raubzüge mitnehmen wollte.

Wir Kinder mussten am nächsten Tag als Bestrafung früh und ohne Abendbrot ins Bett. Weil ich nachts noch mal raus musste, bekam ich mit, dass meine Mutter vor ihren Freundinnen unser gestohlenes Obst lobte und sie es gemeinsam aufaßen! So schlimm konnte es also doch nicht gewesen sein.

Ich hatte zum Glück auch andere Spielkameraden als meine Schwester. Isa zum Beispiel. Ihr Opa war der Firmeneigentümer. Sie wohnte in der Villa und hatte fürstliche Spielsachen.

Das Tollste war ein feines, großes Puppenhaus und ein richtiger Kaufmannsladen. So etwas kannte ich nicht und ich war sehr stolz, dass ich, die kleine Nanne, damit spielen durfte. Eines Tages lag in der Kaufmannsladenkasse richtiges Geld, da das Spielgeld verloren gegangen war. Als Isa nicht guckte, konnte ich der Versuchung nicht widerstehen und habe ein 2-Pfennigstück in meiner Schürzentasche verschwinden lassen. Mein Gewissen hat mich dann aber so geplagt, sodass ich das Geld in einem unbeobachteten Moment wieder zurückgelegt habe.

Diese schönen Tage waren bald zu Ende, denn wir mussten umziehen, da meiner Mutter die Arbeit zu schwer geworden war. Sie fand eine Tätigkeit in einem Buchladen, aber wir konnten leider nicht in der an die Villa gebundene Wohnung bleiben. Bekannte meiner Mutter räumten unsere Wohnung leer, trugen die Möbel samt ganzem Hausrat in die hinterste Ecke des riesigen Gartens und sämtliches Umzugsgut wurde einfach über den Gartenzaun gehoben und schon waren wir auf den Wiesen des neuen Zuhauses. Dies war ein altes Oberlausitzer Umgebindehaus, was zum Glück auch in einem sehr weitläufigen, romantischen und ebenfalls verwunschenen Garten stand.

Meine Mutter wollte für uns unbedingt wieder ein Zuhause mit großem Garten und vielen Spielmöglichkeiten haben, aber so hatte sie sich wieder viel Arbeit ums Haus aufgebürdet. Sie war eine zierliche, kleine, aber unglaublich tüchtige Person, die mit ihrer Energie alles meisterte und genau wusste was sie wollte.

Unser neues Zuhause war ein Zweifamilienhaus und unsere Vermieterin, Fräulein Adler, war schon ziemlich alt. Sie hatte früher als Gouvernante in der Schweiz gearbeitet, was wir Kinder oft deutlich zu spüren bekamen.

Kriegsspiele

Nun wohnten wir also in Ebersbach in der Bahnhofstraße im letzten Haus direkt an der deutsch-tschechischen Grenze. Es war 1942 und meine Mutter verheimlichte vor uns Kindern, dass es einen Krieg gab. Es gab kein Fernsehen und das Radio, den Volksempfänger, schaltete sie erst spät am Abend an als wir schon im Bett lagen.

Ich war nun 8 Jahre alt und lebte ziemlich sorglos in den Tag hinein. Meine Hauptbeschäftigungen waren neben der Schule Märchen nachspielen und Geschichten ausdenken.

Doch dann passierte etwas Merkwürdiges. Direkt hinter unserem Gartenzaun fiel das Gelände in einem Hang steil ab und unten befanden sich Tümpel und Weidensträucher. Direkt dahinter war die deutsch-tschechische Grenze. Dort hatte sich auf jeder Seite jeweils eine jugendliche Bande gebildet, welche sich gegenseitig mit irgendetwas bewarf. Neugierig schaute ich mir von unserem Grundstück aus den Kampf an, denn die Rufe: „Sachsche Gaugen!" und „Biehmsche Schweine!" gingen lautstark hin und her. „Was spielt ihr denn ihr da?", fragte ich einen Jungen auf der deutschen Seite. „Krieg", erwiderte er. Ich wusste zwar nicht, was das genau bedeutete, aber wollte unbedingt mitspielen. Sie ließen mich dann mitmachen. Unsere Munition bestand aus kleinen Erdklumpen. Für die Herstellung waren ein weiteres Mädchen und ich zuständig. Wir gruben eifrig im Lehmboden des Hanges und formten mit Wasser aus den Tümpeln kleine Lehmkugeln, welche in der Sonne schnell trockneten und hart wurden. Diese packten wir dann in unsere Schürzen und brachten sie an die „Front" auf den Hang. Die Verpflegung musste auch herangeschafft werden und so wurde durch Zaunlücken in den Nachbargärten geräubert was die Saison so hergab. Unser Kriegsspiel war nicht ungefährlich und es gab kleinere Verletzungen, aber am Ende des Tages stand dann der Sieger fest, mal auf der einen, mal auf der anderen Seite. Die Bedeutung von Krieg und dessen schreckliche Auswirkungen wurden mir erst viel später bewusst.

Anstrengende Waschtage

Wir hatten ein Waschhaus mit einer Wäschewinde, einem großen Trog und natürlich einen Waschkessel. Die Waschtage kündigten sich für uns Kinder immer durch große Hektik an: Es wurden große Wäschekörbe aus den oberen Schlafzimmern und vom Boden nach unten geschleppt, dann wurde sortiert, Kochwäsche und Buntes. Kein einziges schmutziges Wäschestück durfte liegen bleiben.

Solche Waschtage setzten Planung und Lust zum Arbeiten voraus. Sie waren Schwerstarbeit und nicht einfach so zu wiederholen, außerdem war die Einschätzung des Wetters wichtig, denn es konnte leider kein 5-Tage-Wetterbericht abgerufen werden.

Tage vorher wurde Feuerholz gehackt. Dann in allen verfügbaren Wannen die schmutzige Wäsche schon mal eingeweicht. Am nächsten Morgen ging es dann richtig los, im Waschkessel wurde zuerst die Waschlauge bereitet, dann kam zunächst die weiße Wäsche hinein und während sich die Waschlauge langsam erwärmte und irgendwann zu kochen anfing, musste man kräftig mit einem Holzstock die Wäsche umherwirbeln und sehr aufpassen, dass man sich dabei nicht verbrühte. Es war sehr heiß und den Geruch der dampfenden Brühe werde ich wohl nie vergessen.

Währenddessen kam auf eine kleine Holzbank ein sogenannter Waschzuber, an diesem wurde eine Wäschewinde befestigt. Aus Sicherheitsgründen musste dann aber erst einmal die Wäsche etwas abkühlen, dazu füllte man einige Eimer kaltes Wasser nach. Stück für Stück mussten dann die einzelnen Wäschestücke aus dem Kessel gezerrt und durch die Wäschewinde gekurbelt werden. Das war nicht nur heiß, sondern auch schwer.

Dann ging es endlich aus dem stickigen Waschhaus hinaus auf die Wiese, auf die sogenannte Bleiche. Fein säuberlich wurden nun die einzelnen Wäschestücke ausgebreitet und der

Sonne ausgesetzt. Wir Kinder hatten nun die Aufgabe möglichst oft mit schweren Gießkannen zwischen den ausgelegten Wäschestücken umherzubalancieren um die Wäsche zu besprengen, denn diese durfte auf gar keinen Fall zu trocken werden, denn dann gab es hässliche Flecken auf der schönen, weißen Wäsche.

Gegen Abend kam die Wäsche in die große Zinkbadewanne und in einen Holztrog. Dort wurde sie gründlich und mit viel Mühe gespült, ausgewrungen und wenn es das Wetter erlaubte im Garten, sonst aber auf dem Boden auf langen Wäscheleinen aufgehängt, dabei musste man aber auch aufpassen, dass man nur saubere Holzklammern erwischte.

Am nächsten Tag wurden große Wäschestücke wie Bettzeug und Tischtücher aussortiert und dann kam das Wäschelegen, das war fürchterlich, denn meine Mutter war dann immer sehr angespannt und ungeduldig.

Zwischen mir und meiner Mutter befand sich ein großes Wäschestück, jeder hatte zwei Enden in den Händen. Dann wurde gezogen und gezerrt, möglichst auch schräg und wenn einem so ein Ende aus den Händen flutschte, weil man als Kind nicht genug Kraft hatte, gab es Schimpfe, das war das Mindeste. Dann wurden die Wäschstücke beim aufeinander Zugehen zu zweit zusammen gelegt.

Mit endlich sauber zusammengelegter Wäsche ging es dann auf die sogenannte Rolle. Diese stand in einem Haus in der Bahnhofstraße und war ein großes, hölzernes Ungetüm was aus Rollen bestand und einen geradezu angsteinflößenden Lärm verursachte. Hier wurden dann die zusammengelegten Wäschestücke möglichst akkurat ausgebreitet und die Wäsche wurde gemangelt. Danach glänzte und duftete sie und war endlich schrankfertig.

Sonnabend war Badetag. Ich erinnere mich an die große Zinkbadewanne, welche dann aus dem Waschhaus in die Küche geschleppt wurde. Auf dem Ofen und dem Gaskocher wurden große Töpfe mit Wasser erhitzt, dann wurden die Schlüssellöcher und die Glasscheiben an den Türen mit Handtüchern verhängt. Dann begann das Baden. Einer nach dem anderen, zuerst meine Mutter, dann meine große Schwester – und zuletzt ich, die Jüngste. Meine Schwester und ich bekamen zu unserem Bad einen zusätzlichen Topf heißes Wasser in die Wanne gekippt, ansonsten blieb das Wasser der Vorbaderin drin.

Nach dem Baden ging es immer sofort ins Bett, welches im Winter immer durch eine schöne tönerne Wärmflasche vorgewärmt war.

Obwohl wir manchmal wenig zu essen hatten, war meine Mutter immer sehr einfallsreich beim Kochen. Deshalb war

Sonnabend auch noch aus einem anderen Grund ein besonderer Tag, denn entweder gab es mittags Wasserkakao und Buttersemmeln oder Abernplinsen (Kartoffelpuffer) mit Apfelkompott oder Margarinebemmen (Margarinebrote) mit Quark und Zucker, dazu Muckefuck (Malzkaffee).

Ich glaube auch, dass in dieser Zeit die gute alte Kochkiste wieder zu Ehren kam. Darin konnte man Essen warm halten, was besonders im Sommer, wenn unser großer grüner Kachelofen nicht beheizt war, sehr nützlich war.

Einkauf im Sudetenland

Wir Grenzbewohner waren gewohnt, ganz einfach nach drüben ins Sudetenland zu gehen, um im Städtchen Georgswalde einzukaufen. Das Einkaufen von Lebensmitteln für unsere Familie war schon von frühester Kindheit mir auferlegt.

Nach Georgswalde ging es nach einem Stück auf der Landstraße plötzlich nach unten und man befand sich sofort im Ortskern. Links war ein Milchgeschäft, dort kaufte ich Milch und Quark und manchmal auch Margarine. Ich erinnere mich an einen wundervollen Bäckerladen, gleich rechts ging es ein paar Stufen hoch und dann stand man praktisch im Schlaraffenland. Ich hatte eine Lebensmittelkarte dabei, Nahrungsmittel waren für alle streng rationiert und jeder hatte nur Anrecht auf eine bestimmte Menge. Die rosa Kuchenmarken von der Lebensmittelkarte waren aber immer schnell verbraucht. Der Kuchen war leider teuer, aber zum Glück gab es auch Bonbons ab 1 Pfennig das Stück.

Im sogenannten Biehmschen (Böhmischen) wohnte auch unser Schuhmacher. Er hatte uns nicht nur unsere Schuhe repariert, sondern auch die allerschönsten Schuhe angefertigt, so besaßen meine Schwester, meine Mutter und ich im Sommer jeder ein Paar Ledersandaletten mit Keilabsatz und bunten Lederstreifen. Mode war bei uns, wenn auch aus einfachen Verhältnissen stammend, immer eine wichtige Sache gewesen.

So hatten wir eine Schneiderin in der Stadt, die nicht nur für uns drei nähte, sondern auch für alle Puppenkleider zuständig war. Wir hatten immer sehr schöne Kleider und auch Mäntel, meistens wir Kinder im Partnerlook.

Meine Mutter hatte wunderschöne französische Wäsche und Schuhe, Handschuhe mit langen Stulpen, ein hellgraues Kostüm und tolle Handtaschen, aber am besten waren die geheimnisvollen bunten Parfumflakons, dazu ein Journal mit schönen Frauen und Reklame drin. Letzteres lag oben auf dem Küchenschrank und ich habe mir wohl hundertmal die schönen Fotos darin angeguckt. Diese ganzen Schätze waren Geschenke meines Vaters, der lange bevor er in russische Gefangenschaft geriet, in Paris stationiert war.

Tante Frieda

In der Sommerferien durften meine Schwester und ich allein verreisen. Meine Schwester Ruth fuhr zu ihrer geliebten Tante Frieda nach Bautzen und ich war froh, dass ich immer zu „Mutter und Vater", wie unsere Großeltern genannt wurden, nach Wehrsdorf fahren durfte. Die Versuche meiner Mutter mich auch mal zu Tante Frieda und Onkel Oskar zu schicken waren nach einigen Besuchen meinerseits auf beidseitigem Verlangen eingestellt worden. Tante Frieda fand mich zu ungezogen, sie konnte mich einfach nicht leiden, verglich mich immer mit meiner großen Schwester und zwang mich zu sehr fragwürdigen Verhaltensregeln.

Als das nicht klappte und sie weggeworfene Buttersemmeln im Gully fand, wurde ich verdroschen. Ich weiß heute noch, dass ich furchtbar geheult habe und ins Treppenhaus gerannt bin, dort lief ich die Treppen hoch, bis zu den Bodenkammern. Als ich einen alten Kinderroller fand, fuhr ich damit die Steintreppen hinunter. Wie weit ich gekommen bin, weiß ich nicht mehr, nur dass meine Knie aufgeschlagen waren, ich noch mehr Dresche von meiner Tante bekam und ich noch mehr heulte. Ein gerade bei der Tante zu Besuch weilender Onkel Martin versteckte mich auf dem Sofa hinter seinem Rücken. Ich musste danach zum Glück nach Hause, dort wartete das nächste Donnerwetter meiner Mutter, aber das Gute an der ganzen Sache war, dass ich nie wieder zu Tante Frieda musste.

Im Nachhinein betrachtet war manches aber dort auch schön. Da gab es ein kleines Regal im Flur, hinter einem geblümten Vorhang standen viele Gläser mit selbstgemachter, wunderbarer Erdbeermarmelade. Außerdem machte Tante Frieda Heimarbeit. Sie hatte einen Nähtisch mit vielen kleinen Fächern, in dem viele verschiedene Teile aus Chenille und kleine Papptellerchen mit Moos waren, dazu gab es noch Pappknöpfchen, Hüte, Bäume und Blumen. Daraus konnte ich wunderschöne Gebilde zaubern, obwohl ich völlig unbegabt für solche Sachen war. In der Schule hieß es zum Thema Handarbeit auch immer: „Nanne leider eine Vier, aber auch nur wegen des Fleißes."

In dem ziemlich altertümlichen Wohnzimmer meiner Tante gab es zwei weitere Sachen, die ich liebte: Das Grammophon und eine große Pralinendose aus Porzellan. Zum Grammophon gab es einige Schallplatten, eine konnte ich gar nicht genug hören, sie ging so: „Ich wünsch' mir eine kleine Ursula, mit strahlend blauen Augepaar, sie brauch' nicht größer als mein Püppchen sein, ich leg' sie dann in mein Puppenbettchen rein!"

Aber ich war trotzdem froh, dass ich jetzt lieber immer meine Großeltern in Wehrsdorf besuchen konnte.

D a ging es frühmorgens mit Kiepe, Blechkrug und scharfem Messer, sowie Butterbroten in den Wald zum Pilze sammeln und Heidelbeeren pflücken. Das war ganz ein Leben nach meinem Geschmack.

Mein Opa war Heizer in einer Knopffabrik. Die Wohnung meiner Großeltern befand sich in dem großen Fabrikhaus. Unten befanden sich die Büros der Firma, oben die Wohnung eines alten, herrschaftlichen Fräuleins und daneben die Wohnung meiner Großeltern. Eine Etage darüber waren die Schlafkammern und ganz oben ein sagenhafter Dachboden.

Meine Oma hatte in diesem tollen Fabrikhaus mit Wiesen, Bächen, Obst- Gemüse- und Blumengärten und Beerenbeeten den Hausmeisterinnen-Posten inne und ich somit Zutritt zu allem.

1943 lernte ich dort auch meine Cousins aus Münster kennen, welche wegen des Krieges aufs Land geschickt wurden. Zu dieser Zeit wohnten durch den Krieg bedingt auch einige Flüchtlingsfamilien in dem großen Haus. Dass es einen Krieg gab, wusste ich zwar jetzt, aber als 9-Jährige war mir noch nichts über Gründe und Auswirkungen bewusst.

Mit einem Mädchen in meinem Alter freundete ich mich an und eines Tages entdeckten wir gemeinsam den tollen, riesengroßen Dachboden. Da war es warm und dämmrig und durch die Ritzen des Daches drang nur wenig Licht und auf den spärlichen Sonnenstrahlen tanzten viele Staubkörnchen.

Über den ganzen Dachboden waren Wäscheleinen gespannt, aber an ihnen hing keine Wäsche, sondern grünliche, halb verwelkte Blätter, fein säuberlich aufgereiht, deren Bedeutung ich aber erst viel später kennenlernen sollte.

Wir stöberten überall herum und fanden richtige Schätze, wie eine alte Dampflok, eine Dampfmaschine und anderes Blechspielzeug, alte Puppen und Teddybären, Kisten mit Kleidern und Hüten aus längst vergangenen Zeiten. Sogar ein cremefarbener, zerschlissener Sonnenschirm war dabei, den ich mit nach unten nahm.

Wenn wir vom Dachboden genug hatten, verzogen wir uns ein Stockwerk tiefer und suchten nach flachen Pappkartons. Aus diesen bastelten wir für jede eine Puppenstube, die Möbel fertigten wir aus leeren Streichholzschachteln. Auf dem Fußboden haben wir so manchen verregneten Nachmittag verbracht und gespielt.

Die Ferien vergingen wie im Flug, dann ging es wieder nach Hause nach Ebersbach. Mit meinem kleinen Rucksack marschierte ich Richtung Sohland zur Bahnstation, das waren immerhin 45 Minuten strammes Gehen! Manchmal bin ich auch per Anhalter gefahren. Das war jedoch nicht sehr einfach, weil zu dieser Zeit noch wenig Autos unterwegs waren. Hatte ich jedoch geschafft jemanden anzuhalten, war ich sehr stolz und bemüht, hochdeutsch zu sprechen und kein sächsisch, was mir später übrigens sehr geholfen hat.

Winterzeit

D er Winter kam wie immer bei uns in der Oberlausitz früh, mit viel Schnee und großer Kälte. Für uns Kinder eine willkommene Abwechslung. Der Schulweg wurde zum kleinen Abenteuer. Morgens, wenn die Haustür frei geschippt war, fuhren wir auf mehr oder minder gebrechlichen Skiern zur Schule.

Der Rückweg führte parallel zum Gehsteig entlang auf regelrechten Schneegebirgen, die durch die nun frei geschippten Gehwege entstanden. Das war lustig und ein bisschen verwegen, auch bekamen wir viel Schimpfe von den Anwohnern, da wir den sorgfältig aufgetürmten Schnee wieder auf den Fußweg drückten.

Nach dem Mittagessen kamen die Schularbeiten an die Reihe und dann ging es hinaus zum Schlittenfahren. Meine Erinnerungen daran sind eher schmerzhafter Natur. Meine große Schwester, welche mich sowieso nicht leiden konnte, war immer schlecht gelaunt, wenn sie mich mitnehmen musste. Sie war hart im Nehmen und fror anscheinend nie. Mir dagegen war schnell kalt und nach etwa drei Abfahrten wollte ich immer wieder nach Hause und habe dann fürchterlich geheult, was wiederum meine Schwester auf die Palme brachte. So war ich bald als „Ningelliese" bekannt, was so viel wie Heulsuse hieß.

Viel lieber war ich mit meinen mittelalterlichen Schlittschuhen auf den zugefrorenen Tümpeln am Bahngelände unterwegs. Die Schlittschuhe gehörten zwar meiner Schwester, aber glücklicherweise hatte sie keine passenden Schuhe mehr dazu, sodass ich in zwar heruntergekommenen, aber noch tauglichen Schlittschuhstiefeln fröhlich davon stapfen konnte.

Oft spielte ich in den Wintermonaten viel mit meinen Puppen, dem Teddybär, den ich immer fachgerecht verarztete und unserer Katze Peterle. Wenn eine meiner Freundinnen Zeit hatte, spielten wir am großen, schwarzen Wohnzimmertisch auch mit Begeisterung „Kinderpost." Da wir keine echte hatten, setzten wir uns jeweils gegenüber hinter zwei aufgeklappte Kinderkoffer. Darin war dann alles was wir brauchten: Briefpapier, Kuverts, Postkarten, Paketkarten, Zahlscheine und jede Menge Briefmarken, alles im Miniformat natürlich. Dazu kamen Stempel, Stifte und Radiergummis.

Nach Weihnachten kam im Januar in der Oberlausitz noch der schöne Tag der Vogelhochzeit. An diesem Tag bekamen die Kinder immer auf einen Teller, den man den Abend vorher auf eine Fensterbank stellte, ein paar Süßigkeiten und Äpfel! Wir Kinder glaubten lange, dass es die Vögel waren, die sich bei uns

Kindern bedankten, dass wir sie im Winter gefüttert haben. Dieser Brauch kam ursprünglich aus dem Sorbischen.

Fasching

Dann begannen endlich die Vorbereitungen auf den Fasching, welcher in unserer Region sehr ausgiebig und mit viel Aufwand gefeiert wurde. Während der „Tollen Tage" kam traditionsgemäß kaum jemand zum Schlafen.

Die Leute gingen zum Maskenball ins Schützenhaus. Dort wurde gefeiert und getanzt. Für den Ball wurden vorher fantasievolle Kostüme entworfen und genäht. Pünktlich um 24 Uhr war dann die spannende Demaskierung und die Preisvergabe für die drei schönsten Kostüme.

Für meine Eltern und Freunde kam die Zeit der Hausbälle und für uns Kinder waren diese Feste das Höchste. Unser Wohnhaus war geradezu dafür geeignet, denn es war ein altes, herrschaftliches Fachwerkhaus.

Die Decke im Hausflur war sehr schön ausgemalt und der Boden mit bunten Fliesen belegt. Eine Trennwand mit schön geschliffenen Glasfenstern begrenzte den dahinter liegenden Wirtschaftsbereich. Ins obere Stockwerk führte eine sehr schöne, geschwungene Holztreppe, die Lampen waren aus verschnörkelten, geschliffenen Glas. Die Haustür und die vorderen Wohnungstüren waren ebenso schön gestaltet und besaßen geschmackvolle Messingklinken. Der Eingangsbereich war wichtiger Bestandteil der kleinen Faschingsbälle, war er doch als exzellente Tanzfläche sehr begehrt.

Unsere Gäste waren hauptsächlich befreundete Ehepaare und Freundinnen meiner Mutter, deren Männer im Krieg waren. Alle waren wunderschön kostümiert. Es wurde getanzt, gesungen, gegessen und viel getrunken.

Wir Kinder mussten leider früh ins Bett. Durch den Lärm bedingt war es aber kein Problem wach zu bleiben und das wollten wir auch. Sobald Ruhe eingekehrt war und unsere Mutter schlief, schlichen wir uns nach unten ins Wohnzimmer und leckten voller Wonne alle Schnaps- und Likörgläser gründlich aus.

„Aale Gage"

Ich erinnere mich noch ganz genau an meinen Geburtstag im Juni 1944. Mein Vater war überraschenderweise auch da und ich durfte einige Klassenkameradinnen einladen. Er stand an der Tür und ich weiß noch, dass er nach dem achten Mädchen entsetzt rief: „Um Himmels Willen, wie viele kommen denn noch?" Es kamen noch drei und somit waren wir 12.

Meine Mutter war in der Küche damit beschäftigt, duftende Äpfel im Schlafrock zu backen. Ich hatte ein hellblaues Seidenkleidchen an und ein frisches Blumenkränzchen im Haar.

Es war ein großes Glück, dass ich meinen Geburtstag so groß feiern durfte und ich denke, das hatte ich der Tatsache zu verdanken, dass mein Vater Urlaub hatte. Denn mit meiner Mutter war an diesem Tag nicht gut Kirschen essen. Sie war sehr ärgerlich auf mich und ich ging ihr tunlichst aus dem Weg.

Angefangen hatte alles einen Tag vor meinem Geburtstag in der Küche. Irgendetwas hatte mir meine Mutter verboten, was mich so erboste, dass ich sie als „Aale Gage" beschimpfte und dann schnell das Weite suchte. Doch ich hatte nicht damit gerechnet, dass mich meine Mutter verfolgte. Ich rannte in den Garten zu einem großen Komposthaufen. Und sie hinterher. Wir rannten eine Weile im Kreis um den Haufen und ich glaubte, sie endlich abgehängt zu haben, als sie plötzlich mit einem großen Satz darüber sprang. Sie packte mich und schlug auf mich ein. Ich schrie so laut, dass Spaziergänger am Zaun stehen blieben und nun meine Mutter beschimpften, weil sie „das arme Kind so heftig malträtierte." So kam ich noch mal glimpflich davon. Jedoch hieß es später: „Ab in die Kammer!", was soviel hieß wie Stubenarrest und ohne Abendbrot ins Bett.

„Aale Gage" heißt übrigens im Oberlausitzer Dialekt „alte Gans" und sollte man eigentlich überhaupt nicht zu seiner Mutter sagen, egal in welchem Dialekt.

2. Teil

Belagerung der Waffen-SS

Jetzt war ich also 10 und ab diesem Zeitpunkt änderte sich alles. Zuerst erfuhr ich, dass mein Vater zu meinem Geburtstag Front-Urlaub hatte, er also ein Soldat war und gar nicht auf ständigen Dienstreisen. Meine Schwester war jetzt 14 und musste dem Bund Deutscher Mädel beitreten. Dafür war ich zwar noch zu klein, aber ich musste zum Jungmädelbund, Mindestalter war dort 10 Jahre. Wir bekamen die Aufgabe, regelmäßig Heilkräuter zu sammeln. Die Kräuter waren für verwundete Soldaten im Lazarett bestimmt. Auch sollten wir einmal in der Woche Wiesenblumen sammeln, zu kleinen Sträußen binden und den Soldaten bringen.

Dann kamen eines Tages laut ratternd sehr viele Panzer unsere Straße heraufgefahren. So was hatte ich noch nie gesehen und es machte mir große Angst. „Wo wollen die hin?", höre ich noch heute meine Mutter besorgt fragen, denn wir wohnten ja im letzten Haus vor der deutsch-tschechischen Grenze. Gegenüber unserem Haus befand sich das Zollamt. Es war gerade noch so auf deutschem Gebiet. Dann begann die Tschechoslowakei. Die Panzerkolonne hielt unter lautem Getöse. Grimmige Soldaten sprangen von den Fahrzeugen und rissen einfach das große Holztor zu unserem Grundstück auf. Dann rollten die Panzer in unseren Garten hinein. Die Soldaten trugen schwarze Uniformen und was ich erst später erfuhr, sie gehörten zur sogenannten Waffen-SS. Sie kampierten jetzt direkt hinter unserem Haus!

Meine Mutter hatte große Angst, hielt die hölzernen Fensterläden geschlossen und befahl uns, dass wir uns ruhig verhalten sollen und von den Fenstern wegbleiben. Ich hatte zwar Angst, war aber auch neugierig und abenteuerlustig. Deshalb schlich ich mich leise zu unserer Toilette, schloss mich ein und beobachtete durch ein winziges Fenster die Soldaten, die dort ein Lager errichteten. Es war sehr spannend unentdeckt dazustehen und zu gucken - und zu zittern! Aber irgendwann entdeckte mich ein Soldat am Fenster. Einer nach dem anderen schaute mich verdutzt durch das Klofenster an. Dann winkten sie mir zu und riefen, dass ich rauskommen sollte.

Ich hatte große Angst, ging zitternd raus. Sie musterten mich interessiert und fragten nach meinem Namen. „Nanne!" sagte ich. „Nanne? Das ist doch kein Name!" Sie lachten, aber dann hoben sie mich auf einen Panzer und sangen irgendwelche Lieder. Ich stand da oben zitternd. Danach ließen sie mich runter und ich ging mit einer Mischung aus Angst und Verwirrtheit ins Haus zurück. Ich konnte das alles nicht einordnen, aber habe vorsichtshalber meiner Mutter natürlich nichts davon erzählt.

Am nächsten Morgen schaute ich vorsichtig aus dem Fenster. Die Soldaten waren zum Glück wieder weg. Woher sie kamen und wohin sie wollten wusste niemand.

Eine wichtige Freundschaft

Im Zollamt gegenüber wurden ein paar Tage später eine Kolonie Soldaten einquartiert, allerdings sahen diese etwas harmloser als die anderen aus. Sie trugen einfache Uniformen und hatten auch keine Panzer dabei. Aber sie gingen jetzt Streife und bewachten die deutsch-tschechische Grenze.

Wir Grenzbewohner waren ja gewohnt, ungehindert nach drüben ins Sudetenland zu gehen, um in Georgswalde einzukaufen. Es gab in Ebersbach wegen des Krieges kaum noch etwas zu kaufen, aber die deutschen Soldaten ließen jetzt keinen von uns mehr durch.

Die Bewohner meines Ortes versuchten heimlich über die Grenze zu schleichen, um nach Georgswalde zu kommen. Aber die meisten wurden erwischt und zurückgeschickt. Auch ich beschloss, wie gewohnt nach Georgswalde zu kommen, um einzukaufen. Meine Mutter verbot es mir zwar, aber ich dachte, dass ich wohl schaffen könnte über die Grenze zu kommen, ich müsste es nur richtig anstellen.

Ich fing an, von unserem Haus die Soldaten genau zu beobachten und überlegte, bei welchem ich wohl die größte Chance haben könnte, unentdeckt rüber zu kommen. Schließlich fiel mir ein schmächtiger Soldat auf, der ganz freundlich und harmlos aussah. Ich ging raus, schlenderte möglichst unauffällig auf der Straße im sogenannten Niemandsland herum und ging zu ihm. Dann begann ich ein Gespräch. Es gefiel ihm. Er hieß Paul und kam aus Dresden und war sehr nett.

Wir plauderten immer öfter, und bald gab es ein stilles Einvernehmen zwischen uns, wann immer er Dienst hatte und ich mit meinem Einkaufsbeutel am Gartentor stand, drehte er sich weg und guckte in eine andere Richtung. Ich schlich also quasi hinter seinem Rücken über die Grenze und verschwand in der Dämmerung. Am Tag ging das natürlich alles wegen der anderen Soldaten nicht.

Mein Weg ins Dorf und zum Schuster war für mich jetzt ein sehr aufregendes Abenteuerspiel. Ich fühlte mich als Prinzessin auf der Flucht, oder so etwas Ähnliches, jedenfalls war ich in einer anderen Welt. Mein Weg führte bald rechts von der Straße ab in einen Feldweg, welcher langsam bergab in eine Senke führte. Dort kam ich an einer kleinen, offenen Holzhütte mit einer Madonna vorbei. Ich verbeugte mich jedes Mal kurz und bat um Unterstützung für mein Vorhaben.

Der Rückweg war eher von Realität und Ängstlichkeit geprägt, denn es war dann schon stockdunkel und ich hatte nur noch den Wunsch schnell und sicher nach Hause zu kommen. Schließlich musste ich noch über die Grenze und es war nicht immer leicht, nicht erwischt zu werden. Aber ich war sehr geschickt und schnell. Es ging immer alles gut und ich kam wohlbehalten mit Lebensmitteln zur Freude meiner Mutter und Schwester zu Hause an.

Dann kam ein dunkler Punkt in mein Kinderleben. Im Herbst 1944 war mein Vater auf Fronturlaub zu Hause. Diesmal war es fürchterlich. Sehr viel später erst habe ich erfahren und verstanden, was eigentlich geschehen war und was meine Mutter, die meinen Vater eigentlich vergötterte, alles mitgemacht hat und erdulden musste. Diese Tage waren sehr schlimm und ich habe nichts davon vergessen können. Ich konnte das alles nicht einordnen, und habe die Brutalität und den Jähzorn meines Vaters gespürt und gehört, aber nicht die Hintergründe gekannt. Ich war ein Kind und hatte nur noch Angst vor meinem Vater. Meine Mutter war verängstigt und traurig und wir Kinder spürten das.

Der Urlaub war vorbei und mein Vater musste wieder seinen Dienst an der Front antreten. Ich war froh, dass er endlich weg war. Meine Mutter war aber noch immer still und traurig und ich beschloss zu handeln. Ich hatte auch schon einen Plan, wie ich sie auf andere Gedanken bringen konnte, denn ihre Traurigkeit gefiel mir gar nicht.

Eines Nachmittags ging ich mal wieder zum Soldaten Paul, den ich inzwischen Pauli nannte und sehr gern hatte. Ich fragte ihn, ob er „Abernplinsen" mochte. „Was ist das?", fragte er zurück und ich erklärte ihm, dass das eben „Plinsen" aus „Abern" wären. Wir waren wohl beide etwas ratlos.

Jedenfalls lud ich ihn für um sieben Uhr zum Abendessen ein. Zu Hause sagte ich nichts, meine Mutter backte jede Menge Plinsen, nachdem ich vorher eifriger als sonst geholfen hatte, die geschälten Kartoffeln zu reiben. Es kamen die Teller auf den Tisch und das Besteck, dazu Apfelmus und die Zuckerdose. Meine Mutter kochte Kaffee, als es klingelte. „Wer kommt denn jetzt noch?", hörte ich sie verwundert sagen, als ich bereits zur Haustür raste.

Draußen stand ein sehr verlegener, schmächtiger Soldat. Ich führte ihn in die Küche und sagte zu meiner verdutzten Mutter „Mutti, das ist Paul und der hat Hunger!" Irgendwann saß Pauli auf einem Stuhl am Kachelofen und ich auf seinem Schoß und war glücklich.

Dies war der Anfang einer guten Freundschaft. Paul besuchte uns regelmäßig und irgendwann sind er und meine Mutter sich wohl auch näher gekommen. Als ich das merkte, war ich sehr froh, denn das war es was ich mir in meiner kindlichen Fantasie insgeheim gewünscht hatte.

Weihnachten 1944

Für uns Kinder waren der Winter 1944 zunächst wie immer. Es war kalt, es schneite viel und wir freuten uns auf die Winterferien. Weihnachten kam heran und damit begann eine geheimnisvolle Zeit. Meine Lieblingspuppe verschwand, es roch nach Plätzchen, verschrumpelte Äpfel wurden in kaltes Wasser gelegt und anschließend poliert.

Traditionsgemäß gingen wir Kinder am Heiligabend zum Kindergottesdienst ins Oberdorf. Es war ein ziemlich weiter Weg von der Kirche nach Hause. Und es war dunkel und aus den Fenstern drang gedämpftes Licht.

Ich sprang mehr nach Hause als ich lief, und überall versuchte ich einen Blick in die Fenster zu werfen, um mir die Christbäume anzusehen. Zu Hause angekommen folgte wie jedes Jahr die große Enttäuschung. Alles war duster, die Rolladen vor die Fenster geschoben, kein Licht schimmerte verheißungsvoll, niemand wartete mit der Bescherung auf meine Schwester und mich. Wir kamen wie immer zu früh und damit ungelegen, meine Mutter war wie immer nicht fertig geworden und ziemlich nervös.

Wenigstens öffnete sich die Haustür und Fräulein Adler, unsere Vermieterin,   führte uns in ihr mit vielen Kerzen erleuchtetes Wohnzimmer. Schön schummrig und festlich und vor allem warm war es da. Schnell holten wir unsere bei ihr versteckten Geschenke hervor und saßen dann mucksmäuschenstill jeder auf seinem Platz. Meine Schwester in der Kachelofenecke und ich im großen Korbstuhl am Fenster.

Dann begann Fräulein Adler am Klavier Weihnachtslieder zu spielen, das war zuerst ganz schön, aber wenn ihre hohe Sopranstimme dazu ertönte war es vorbei mit unserer Toleranz. Wir wurden unruhig und verwünschten das laute Gesinge, denn wir hatten nur eines im Sinn, wir durften den Klang des Glöckchens nicht verpassen, welcher den ersehnten Beginn der

Bescherung verkündete. Wenn er endlich ertönte, nachdem Fräulein Adler alle uns bekannten und unbekannten Weihnachtslieder gesungen hatte, stürmten wir wenig feierlich nach nebenan in die Weihnachtsstube.

Unser Weihnachtsbaum war immer besonders schön und erst später habe ich begriffen, warum der Baum nie rechtzeitig fertig gewesen ist. Damals gab es noch Lametta an den Bäumen und jeder Lamettafaden wurde exakt einzeln aufgehängt, nachdem er vorher sorgfältig gebügelt wurde. Kugeln und Weihnachtskekse schmückten ihn zusätzlich, dazu Kerzen.

Jeder bekam einen bunten Teller mit selbstgebackenen Keksen, Äpfeln, kleinen Fondantfiguren, Walnüssen und Haselnüssen aus eigener Ernte.

Ich bekam diesmal eine knallrote Umhängetasche aus krokodilähnlich gepresster Pappe und dazu einen dunkelgrünen Filzhut mit roter Zackenlitze an der Krempe. Die Tasche hatte zudem noch ein silbernes M als Monogramm für Marianne, was mich sehr stolz machte, obwohl ich doch eigentlich nur Nanne hieß. Ich war trotzdem überwältigt. Dann kam dann noch meine neu eingekleidete Puppe dazu, sie trug einen rosafarbenen Plüschmantel mit weißen Fellstulpen, einen kleinen Muff und eine rosa Mütze.

Meine Schwester hingegen war enttäuscht, denn sie war mittlerweile 15 Jahre alt und fühlte sich benachteiligt, da sie am

23.12. Geburtstag hatte und meinte immer zu wenig geschenkt zu bekommen. Allerdings ohne Absicht, wie meine Mutter immer wieder beteuern musste. Meine Schwester hat ihr aber die vorweihnachtliche Geburt nie verziehen. Sie bekam diesmal Strümpfe, Unterwäsche und Bettwäsche für die Aussteuer, was den Ärger vollkommen machte.

Die Zerstörung Dresdens (1945)

Im Februar 1945 schaute ich eines Morgens wie immer aus dem Fenster. Es hatte schon angefangen zu tauen und die ersten Schneeglöckchen wagten sich hervor. Aber dann sah ich, dass die Wiesen unseres Gartens mit zig tausenden Papierfetzen übersät waren. Ich stürmte raus und hob einige davon auf. Es waren angekohlte Ausweispapiere, Zeitungsfetzen, Fotos, Bücherseiten und Ähnliches.

Meine Mutter stürzte zum Volksempfänger und erhoffte sich irgendeine Erklärung für das Geschehene. Sie hörte, dass Dresden in der vorherigen Nacht durch Bombenangriffe der Alliierten völlig zerstört wurde. Überreste der Stadt hatte der Wind 80 Kilometer weit bis zu uns in den Garten geweht. Ich konnte mir das alles kaum vorstellen, mir war aber klar, dass es etwas sehr Schreckliches bedeutete.

Meine Mutter ließ seit diesem Tag den Volksempfänger von früh bis spät laut laufen. Die Erwachsenen blickten besorgt und sprachen leiser als sonst miteinander. Ich schnappte mehr als einmal den Satz „die Russen kommen!" auf. Es herrschte eine merkwürdige, gedrückte Stimmung, die auch uns Kinder erfasste.

Sehr traurig machte mich auch, dass mein Freund Paul zusammen mit all den anderen Soldaten am Tag nach dem Bombenangriff auf Dresden spurlos verschwunden war.

Die Flucht (Mai 1945)

Ein paar Tage später erschien ein Bekannter meiner Eltern und begann einige Holzdielen in der Küche zu entfernen. Unter den Dielen war ein Hohlraum von ca. 15 cm, darunter war ein Betonboden. Meine Mutter hatte seltsame Bündel gepackt. Später erfuhr ich, dass es wertvolle Dinge wie z.B. Bettwäsche war und so verschwanden nach und nach mehrere dieser Bündel unter dem Dielenboden, auch meine Lieblingspuppe und andere wichtige Sachen wanderten in das Versteck. Anschließend wurden die Dielen wieder festgenagelt und der gesamte Küchenboden frisch gestrichen, sodass keine Spuren mehr zu sehen waren.

Im Schlafzimmer begann meine Mutter Koffer zu packen. Was zuerst wie ein lustiger Urlaub aussah, erwies sich als bitterer Ernst. Sie versuchte auch Fräulein Adler davon zu überzeugen, zu packen. Täglich zogen hunderte von

Pferdefuhrwerken, Leiterwagen und Fahrrädern, vollgepackt mit Koffern, Kisten und Kästen, Hausrat und Sonstigem, an unserem Haus vorbei in Richtung Sudetenland. Mühsam geschoben meist von Frauen und Kindern.

In der ersten Maiwoche 1945 mischten sich unter die Flüchtlinge immer mehr berittene Soldaten. Jeder versuchte die Grenze zu erreichen, um möglichst schnell wegzukommen. Langsam wurde es gespenstisch und es machte zwar die Runde, dass sich im Niederdorf SS-Leute und der sogenannte Volkssturm verschanzt haben, um unserer Städtchen Ebersbach gegen die Rote Armee zu verteidigen, aber daran glaubte keiner mehr.

Unsere Nachbarn schienen alle schon fort zu sein, als mich meine Mutter am Morgen des 6. Mai 1945 zu unserem Kaufmann schickte, denn sie hatte gehört, dass die Besitzer geflohen und der Laden für alle offen sei. Als ich dort ankam herrschte große Gedränge. Die Besitzer, Familie Böhme, waren tatsächlich nicht mehr da und jeder bediente sich sozusagen nach Herzenslust an den Lebensmitteln. Ich weiß nicht mehr, was ich alles eingesackt habe, aber ich weiß noch, dass ich einen von zu Hause mitgebrachten hellgrauen Emaillekrug voll mit Mehrfruchtmarmelade aus einem Eimer füllte.

Als ich wieder zu Hause ankam, stand meine Mutter bereits mit zwei voll bepackten Leiterwagen auf dem großen Platz neben dem Haus und wartete ungeduldig auf mich. Wir mussten von dem alten Fräulein Adler Abschied nehmen, denn diese vertraute auf Gott und wollte trotz der drohenden Gefahr der anrückenden Roten Armee ihr Haus nicht verlassen. Ich war sehr traurig darüber, aber wir konnten sie nicht überreden mitzukommen und mussten los. Ich bekam einen kleinen Rucksack umgeschnallt, darin steckte der Krug mit der Marmelade, mein Teddybär und obenauf mein riesengroßer, grüner Wecker. Weil dieser immer wieder runterfiel, trug ich ihn in der Hand weiter. Dalassen wollte ich ihn auf keinen Fall. Er sollte später noch eine sehr wichtige Rolle spielen.

Schnell hatten wir uns in die Reihe der Flüchtlinge eingereiht und es ging los. Meine Schwester zog einen Leiterwagen ganz allein, sie war ja immerhin schon 15 Jahre alt und kräftig. Meine Mutter und ich, beide Leichtgewichte, mühten uns mit dem anderen Wagen ab.

Wir mussten sehr aufpassen, denn zu diesem Zeitpunkt waren nur noch wenig Zivillisten im Treck, eigentlich war es fast ein Konvoi von flüchtenden Soldaten, die meisten zu Pferde und da nahm keiner Rücksicht, ob vielleicht Kinder unter ein Pferd gerieten. Nicht nur einmal habe ich ganz dicht ein warmes Pferdemaul im Nacken gespürt.

Irgendwie ging es im dichten Gewühl vorwärts. Meine Schwester hatten wir im Getümmel längst verloren, bis wir sie endlich weinend vor einem kleinen Hügel wiederfanden, die Deichsel ihres Leiterwagens war gebrochen und sie konnte nicht mehr weiter.

Unsere Mutter zerrte uns von der Straße weg. Direkt vor uns stand eine prächtige verlassene Villa. Die Türen standen weit auf. Sie schob uns in das Haus, riss alle Türen auf und setzte uns schließlich in ein sehr prachtvolles Badezimmer. Ich erinnere mich nur noch an sehr schöne Fliesen mit bunten Bordüren, außerdem roch es gut und trotz der draußen herrschenden Hitze war es angenehm kühl. Unsere Mutter erklärte uns, dass sie noch einmal zurück nach Ebersbach in unser Haus müsse, da sie einen neuen Leiterwagen auftreiben wollte und außerdem unsere Ausweise vergessen habe. Sie schärfte uns ein, das Badezimmer nicht zu verlassen, egal was passiere und dass wir ganz leise sein sollen. Wir hatten große Angst, aber sie schloss uns im Badezimmer ein und ging. Ich lenkte mich ab und bestaunte die bunten Fliesen, später zählte ich sie. Meine Schwester trank aus den goldenen, verzierten Wasserhähnen kaltes Wasser. Irgendwann war sie genervt von meinem lauten Zählen, aber ich hörte nicht auf. Unsere Mutter kam nicht wieder und das Warten dauerte nun schon viel zu lange.

Meine Angst wurde immer größer und meine Schwester wurde immer genervter, aber dann kam zum Glück nach einer gefühlten Ewigkeit unsere Mutter zurück und schloss das Badezimmer auf.

Wir waren sehr erleichtert und gingen auf die Straße. Es war schon spät nachmittags. Unsere Mutter hatte zwar unsere Ausweise gefunden, aber konnte keinen weiteren Leiterwagen besorgen. Sie versteckte die Sachen von dem kaputten Leiterwagen unter der Treppe der Villa.

Dann erzählte sie uns, dass der Hinweg durch die vielen entgegenkommenden Soldaten sehr beschwerlich gewesen war. Auch hörte sie Schüsse und die Sprengung unserer Eisenbahnbrücke. Die Rote Armee rückte in unsere Stadt vor. Wir mussten schnell weiter, denn wir hatten viel Zeit verloren und waren nun die letzten Zivilisten unter nur noch flüchtenden Soldaten.

Auf einmal hatte meine Mutter eine Idee. Da schon bald die Dämmerung einsetzte, beschloss sie, dass wir zu einem Waldgasthaus gehen um dort zu übernachten.

Die Wilhelmshöhe lag versteckt in einer geschützten Waldanhöhe. Wir bogen in einen steil ansteigenden Feldweg ein und schleppten uns mit unserem schweren Gepäck hoch. Oben angekommen, mussten wir nur noch einen großen Acker überqueren. Am Rand lag schon das Gasthaus. Ich verschnaufte einen Moment und sah, dass sich uns einige Soldaten angeschlossen hatten. Ich musterte sie genau und hoffte, dass Paul dabei war, aber er war es leider nicht. So verlor ich Anschluss an meine Mutter und Schwester. Sie hatten den Acker schon fast überquert. Ich ging schneller. Plötzlich hörte man aus der Luft ein lautes Getöse, alle schrien durcheinander und die Soldaten brüllten: „Deckung!" und alle warfen sich auf den Boden. Ich aber ging als Einzige schnell weiter und versuchte meine Mutter und Schwester zu erreichen. Sie hatten den schützenden Waldrand schon erreicht. Ich stolperte auf dem Acker in ihre Richtung, als ich hörte, dass ein Flugzeug direkt über mir war!

Ich warf mich auf den Boden und sah, dass es im Tiefflug auf mich zuraste, ich konnte sogar den Piloten hinter seiner Windschutzscheibe erkennen. In diesem Moment krachte und blitzte es direkt neben mir ganz furchtbar, Leute schrien laut auf und ein Dröhnen erschütterte die Luft!

Dann war es plötzlich ganz still. Mir wurde ganz schwarz vor Augen. Irgendjemand zog mich hoch und ich kam wieder auf die Beine. Ich erkannte verschwommen, dass mir vom Waldrand Leute zuwinkten und laut schrien, ich solle kommen. Ich jedoch betrachtete staunend den völlig zersiebten großen grünen Wecker in meiner linken Hand und hielt ihn hoch! Meine Hand tat weh und blutete ein wenig, aber sonst war ich unverletzt davongekommen. Vermutlich hatte der Pilot den Wecker mit einer grünen Mütze verwechselt und ihn statt mich unter Beschuss genommen.

Die Leute schrien mich noch mehr an. Jemand packte mich und meine nächste Erinnerung war, dass ich völlig aufgelöst im Wald auf einer Decke neben meiner Schwester und Mutter saß.

Nachdem meine Hand verarztet war und wir uns alle ein wenig von dem Schreck erholt hatten, trafen wir in der Waldgaststätte unseren Nachbarn Herrn Möser. Er war in der glücklichen Lage mit einem Auto auf der Flucht zu sein, denn er betrieb ein kleines Taxiunternehmen. Sein Taxi war ein kleiner Wagen mit Holzgasantrieb, in dem fünf Leute Platz hatten. Meine Mutter sah kaum eine Chance mit uns zwei Kindern allein weiter zu kommen und bat Herrn Möser uns mitzunehmen, aber wie sollte das gehen? Denn die Plätze im Taxi waren schon alle besetzt. Neben Herrn Möser saß dort seine Frau, ihre Töchter Margit und Hanna und seine Mutter.

Der alten Frau Möser kam das allerdings gelegen, denn sie wollte nicht weiter fliehen, sondern mit anderen alten Flüchtlingen in der Wilhelmshöhe ausharren, auch wenn allen die Angst im Nacken saß, dass die Russen die Gaststätte entdecken. Frau Möser aber bot uns ihren Platz im Auto an.

Herr Möser protestierte zwar, aber sie ließ sich nicht mehr davon abbringen. Sie wollte nicht mehr weiter und uns die Gelegenheit geben, wegzukommen. Also erklärte sich Herr Möser schließlich bereit uns mitzunehmen, was meine Mutter mit gemischten Gefühlen annahm. Die Bedingung war, nur das allernötigste Gepäck mitzunehmen, damit wir Kinder im Auto Platz hatten. Zunächst zog uns meine Mutter, trotz der Hitze, dreifach Wäsche, Pullis und Hosen an. Dann begannen wir in einer geschlossenen Veranda dort untergestellte Gartenmöbel beiseite zu räumen. Anschließend verstauten wir unsere Wäschebündel und andere Gepäckstücke auf dem Fußboden, bevor wir die beiseite geräumten Gartenmöbel darauf stapelten. Ein besseres Versteck hätte man nicht finden können.

Unsere Retter, die Mösers, waren mir vorher kaum besonders aufgefallen. Ich bin auch nur einmal bei ihnen im Haus gewesen. Im Hausflur war links ein Büro und geradeaus kam man über einen Korridor in eine geräumige Wohnküche. Dort hing allerdings ein bemerkenswerter Spruch: „Hab' Sonne im

Herzen!" Die beiden Töchter Margit und Hanna waren ein paar Jahre älter als ich, Margit ging mit meiner Schwester Ruth in die Schule.

Das Haus der Mösers war schon recht imposant, hellbraun gestrichen mit einer angebauten Autowerkstatt und an der Straße ein großes Reklameschild. Dies war aus meiner Sicht das Beste, wenn wir nämlich in der Nachbarschaft einen Streich ausgeheckt hatten und schnell flüchten mussten, konnte man sich hinter dem riesigen Schild prima verstecken.

Am nächsten Morgen, es war der 7. Mai 1945, ging es dann weiter. Es war sehr heiß und wir Kinder schwitzten eingepfercht auf dem Rücksitz des Taxis. Wir fuhren über holprige Feldwege zurück auf die Straße. Unterwegs mussten die Erwachsenen oft aussteigen, denn wir fuhren über hügeliges Gelände und mit dem überladenen Holzvergaserauto war dann kein Weiterkommen möglich. Es schnaufte und qualmte und stank ganz gewaltig und es musste kräftig angeschoben werden. Auf der Hauptstraße wurde es für private Autos immer gefährlicher, denn wir waren noch immer von Militärfahrzeugen umgeben, die alle auf der Flucht waren und da gab es keine Rücksicht mehr.

Nach einer wieder bewältigten Steigung bog Herr Möser nach links in einen kleinen Waldweg ab. Die Mösers kannten sich zum Glück gut in diesen Wäldern aus, da Frau Möser aus dieser Gegend stammte. Wir fuhren durch ein kleines Waldstück. Plötzlich verbot uns meine Mutter aus dem Fenster zu schauen.

Wir taten es aber trotzdem heimlich und ich sah viele tote Pferde auf dem Weg liegen, sie lagen da mit aufgeblähten Bäuchen. Dann lagen auch dort viele tote Soldaten. Es war schrecklich und ich musste mir den Mund zuhalten um vor Angst und Entsetzen nicht laut aufzuschreien.

Plötzlich war es dunkel und wir konnten nicht mehr weiterfahren. Irgendwie sollten wenigstens wir Kinder schlafen. Glücklicherweise war es eine sehr warme Nacht. Meine Schwester und Margit wurden deshalb auf das Autodach verfrachtet, ich durfte im Auto sitzen bleiben und bin dann irgendwann auch eingeschlafen.

Ich träumte vom Krieg, von einem Bombenangriff und schreckte auf einmal durch lautes Knallen aus dem Schlaf. Es dämmerte schon und ich sah ein Leuchten am Himmel. Es waren aber keine Bomben, sondern Leuchtkugeln stiegen in den Himmel. Dann sah man ein ganzes Feuerwerk in der Morgendämmerung. Wir fuhren zurück auf die Straße. Dort erfuhren wir den Grund des Spektakels: Der Krieg war vorbei! Viele Menschen rannten auf der Straße umher und riefen: „Der Krieg ist aus, der Krieg ist aus!" Alle lagen sich in den Armen, tschechische Anwohner, Sudetendeutsche und wir deutschen Flüchtlinge.

Wir fuhren weiter und kamen in eine kleine Stadt. Sie hieß Böhmisch-Leipa. Aus den Häusern hingen überall weiße Bettlaken aus den Fenstern als Zeichen des Friedens. Herr Möser steuerte das Auto bis zum Marktplatz in die Stadtmitte. Er wollte eine kleine Pause wagen und parkte das Auto. Wir stiegen aus und setzten uns erschöpft an einen Brunnen. Neben uns saßen noch ein paar andere Leute dort.

Die Sonne schien, alle ruhten sich aus und alles schien friedlich. Die Mösers und meine Mutter berieten gerade darüber, wie die Flucht weitergehen sollte. Obwohl der Krieg zu Ende war, fürchteten sie sich vor der heranrückenden Roten Armee.

Plötzlich kam aus dem Nichts eine Gruppe von Soldaten herangaloppiert. Sie ritten quer über den Marktplatz und begannen wild um sich zu schießen! Alle gingen in Deckung oder warfen sich auf den Boden. Zum Glück dauerte die Attacke nur einige Sekunden und die Soldaten waren genauso schnell wie sie gekommen waren, auch schon wieder verschwunden. Niemand wurde verletzt, aber der Schreck saß bei allen tief.

Nach einigen Schrecksekunden stürmten wir in das Auto und Herr Möser raste davon. Er steuerte das eigentliche Fluchtziel an, nämlich Algersdorf, was irgendwo versteckt im Böhmischen Mittelgebirge lag. Pause gab es jetzt nicht mehr. Die Fahrt erschien mir endlos und dauerte den ganzen Tag bis tief in die Nacht hinein. Ich erinnere mich an lange stockdunkle Straßen und Wege bis das Auto endlich hielt. Wir waren angekommen. Ich war todmüde, erinnere mich nicht mehr, wie ich aus dem Auto gekommen bin, aber ich weiß noch, dass ich beim Rauschen eines Baches eingeschlafen bin und am nächsten Morgen im hellen Sonnenschein liegend auf einer Blumenwiese aufwachte.

Ich schaute mir neugierig die Umgebung an. Neben der Wiese stand ein mehrstöckiges Haus, welches sich an einen Hang schmiegte und dadurch etwas versteckt lag. Die Dorfstraße war zwar nur wenige Meter entfernt, aber trotzdem wirkte das Haus auf mich verwunschen und einsam. Die Straße führte steil hinauf ins Dorf, direkt daneben floss ein sprudelnder Bach. Ich freute mich, als ich erfuhr, dass das verwunschene Haus unser neues Zuhause war.

Es gehörte Verwandten der Mösers und selbstverständlich nahmen sie nicht nur sie, sondern auch meine Mutter, Schwester und mich herzlich auf. Wir schliefen auf dem großen Heuboden, zu dem eine Holzleiter hinaufführte, und die Nachtmusik dazu spielte der sanft rauschende Bach.

Die Tage in Algersdorf bekamen langsam Struktur und jeder bekam seine Aufgabe. Zu meinen Pflichten gehörte es, täglich durch das hintere Gartentor zu gehen und einen steilen Hügel hinaufzuklettern, um bei einem Bauern frische Milch zu holen. Meine Schwester half beim Bauern im Stall mit und meine Mutter im Haus beim kochen und hauswirtschaften.

Es war friedlich und schön, das Wetter übrigens auch und baden im schnell fließenden Bach war zwar gefährlich, aber machte sehr viel Spaß. Während meine Mutter zusammen mit den Mösers Überlegungen anstellte, wie es nun weiter gehen sollte, verlebten wir Kinder Dauerferien. Obwohl ich gern zur Schule ging, hatte ich keine Zeit an die Schule in Ebersbach überhaupt zu denken. Dass diese Idylle gestört werden könnte, glaubte niemand, aber es kam ganz anders.

„Die Russen kommen"

Plötzlich war sie wieder da, diese Schreckensnachricht, welche mir selbst als 11-jähriges Mädchen große Angst einflößte. Meine Schwester, Mutter und ich schliefen nachts oben auf dem Heuboden. Bisher war das völlig ungefährlich gewesen, da sich niemand für Algersdorf interessierte. Das Ende des Krieges hatte auf alle sehr befreiend gewirkt, und durch das warme Sommerwetter dazu war die Atmosphäre fast schon entspannt. Tagsüber gingen alle ihren gewohnten und zu dieser Jahreszeit vorgegebenen Tätigkeiten nach und wir Flüchtlinge halfen überall mit.

Doch damit war es schlagartig vorbei, als die Nachricht, dass ein Trupp Russen zum Dorf unterwegs sei, zu uns durchsickerte und die Gefahr vor Überfällen und Vergewaltigungen buchstäblich greifbar war. Zu viele Schreckensnachrichten waren diesbezüglich schon verbreitet worden. Nun war also Eile geboten, denn niemand wusste wann sie kamen. Nun war guter Rat teuer, denn wir Frauen und Mädchen mussten weg – aber wohin?

Nach einigem Hin- und Herüberlegen wurden Frauen und Mädchen aufgeteilt, damit alle im Falle einer Gefahr schnell verschwinden konnten. Jedes Haus im Dorf bekam sein eigenes „Frauen- Kontingent" und sorgte für geeignete Verstecke. Meine Mutter, meine Schwester und die Mösermädchen sollten bei der Familie, welche uns aufgenommen hatte, vor allem nachts, besonders versteckt werden. Allen wurde eingeschärft absolut leise zu sein, wenn wir unter dem Dach waren, denn genau dort kamen wir hin. Das Haus verfügte nämlich über dem normalen Heuboden noch über einen versteckten und ganz niedrigen Dachboden, welcher von unten nicht einsehbar und nur über eine hohe, wackelige Leiter zu erreichen war. Wie viele Nächte wir dort ängstlich unter dem Dach verbracht haben, weiß ich nicht mehr. Das Rauschen des Dorfbaches hat mich immer in den Schlaf gewiegt. Abends durften wir nur wenig trinken, denn auf dem Boden hatten wir nur einen alten Blecheimer als Toilette zur Verfügung. Dieser durfte aber nur benutzt werden, wenn es gar nicht mehr ging, denn das Plätschern hätte verräterisch laut sein können.

Eines Tages, kurz nach dem Abendessen, saßen wir noch kurz in der Dämmerung auf der Wiese neben dem Haus, als plötzliches Motorengeräusch zu hören war. So schnell es ging rannten wir alle ins Haus, die Treppen rauf, auf den ersten Dachboden und dann noch schnell über die wackelige lange Leiter auf den zweiten, versteckten Dachboden. Die Leiter zogen wir schnell zu uns nach oben hoch und drückten die Luke zu. Ich weiß noch, wie schlecht mir war und von meiner Abenteuerlust war nichts mehr vorhanden. Mein Herz klopfte wie ein Hammer, und ich dachte, dass es jeder hören müsste, doch zu hören war nur der Dorfbach und ein fernes Rumpeln.

Nach einer Weile drangen Rufe wie: „Magda, wo Magda?"
durch eine winzige Dachluke. Die Hausbewohner redeten auf
die russischen Soldaten ein und versuchten sie loszuwerden,
doch dann hörten wir sie auf einmal den Boden hinauf poltern.
Sie nahmen den ganzen Heuboden auseinander und
unterhielten sich ganz laut genau unter unserem Versteck. Mir
stand das Herz fast still und ich betete, dass jetzt keiner husten
oder niesen müsse. Man hätte eine Stecknadel fallen lassen
hören. Zum Glück kletterten die russischen Soldaten plötzlich
grölend die Leiter hinunter. Nach einem Wortgefecht mit den
Hausbewohnern verschwanden sie lautstark aus dem Haus und
fuhren davon. Das war noch mal gut gegangen! Aber wie viele
Soldaten noch unterwegs waren, wusste niemand, so lebten wir
noch einige Wochen in großer Angst und Vorsicht auf dem
versteckten Dachboden.

Nach zwei Monaten beschloss meine Mutter wieder
zurück nach Ebersbach zu fahren um zu sehen, wie
dort die Lage ist. Zum Glück wollte Herr Möser das
auch. Zusammen fuhren sie los. Wir hatten alle große Angst um
sie. Gott sei Dank kamen beide nach ein paar Tagen wieder
wohlbehalten zurück. Was sie auf dieser Reise nach Hause erlebt
und gesehen haben, war wohl sehr schrecklich. Meine Mutter
hat es mir nie erzählt.

Sie berichtete, dass schon wieder vereinzelt Züge fahren.
Obwohl der Krieg gerade erst 3 Monate zu Ende war, sollten wir
alle zurück nach Ebersbach. Wir Kinder besonders um wieder
zur Schule zu gehen. Das gefiel meiner Schwester und mir nicht
so sehr, aber meine Mutter drängte darauf, dass wir bald fahren.

Da Herr Möser mit seiner Familie noch nicht mit zurück nach Ebersbach wollte, nahmen wir dankbar Abschied von unseren Rettern und der Familie, die uns aufgenommen hat.

Tatsächlich sind wir dann einen Teil der Rückreise nach Ebersbach mit dem Zug gefahren. Unterwegs sind wir oft ausgestiegen und auch viel zu Fuß gegangen. Das letzte Stück sowieso, denn meine Mutter wollte auf dem Rückweg noch die vorher versteckten Wäschepakte abholen. Diese waren alle noch da – ob in der Holzveranda auf der Wilhelmshöhe oder an der verlassenen Villa.

Als wir endlich nach Tagen wieder erschöpft zu Hause ankamen, kam aus einer kleinen Kammer das tapfere Fräulein Adler. Obwohl auch in unserem Haus russische Soldaten eingefallen waren, konnte sie sich verstecken und einige Tage unentdeckt bleiben, bis sie wieder verschwanden. Aber unser Haus war vom Keller bis zum Dachboden und auch der Garten völlig verwüstet. Und es stank fürchterlich. Im Wohnzimmer waren unsere schönen mit türkis-geblümtem Stoff bezogenen Polstermöbel aufgeschnitten. Überall lag Dreck herum und unsere Schlafzimmer waren auch komplett verwüstet. Die Krönung war unser Kinderzimmer, dies wurde augenscheinlich als Toilette benutzt, denn es reihte sich Haufen an Haufen. Zum Glück wurde das Dielenversteck unter der Küche nicht gefunden und wir hatten so ein bisschen saubere Wäsche und Besteck. Aber jetzt war großes Aufräumen und Schrubben angesagt.

3. Teil

Überleben in der Nachkriegszeit

Wir haben tagelang gemeinsam das Haus geputzt, bis alles wieder einigermaßen in Ordnung war. Zugleich begann für uns der Kampf ums Überleben. Hunger wurde lange unser ständiger Begleiter. Ein wenig Obst und Gemüse hatten wir glücklicherweise aus unserem Garten, aber es war sehr schwer an andere Lebensmittel heranzukommen. Meine Mutter war zum Glück sehr kreativ beim kochen. Es gab oft geröstete Brotschreiben aus selbst gebackenem Brot und gebratene Zwiebeln als Hauptgang und Brote mit etwas Quark und Zucker bestreut zum Nachtisch. Mehlsuppe gab es auch, aber die schmeckte fürchterlich. Ich hatte oft Hunger und auch Verlangen nach etwas Süßem, was es natürlich außer dem bisschen Zucker auf dem Brot nicht gab.

Eines Tages hatte ich die Idee, selbst Bonbons zu machen. Unsere Zuckerdose befand sich nicht mehr im, sondern hoch oben auf dem Küchenschrank, denn Zucker war sehr kostbar. Trotzdem habe ich, als die Luft rein war, etwas Zucker stibitzt und in einer Pfanne erhitzt. Nach einer Weile des Herumrührens kam tatsächlich eine karamellartige Masse heraus, aus der ich mir ein paar Bonbons schnitzte. Ich war glücklich, aber um ein Haar hätte meine Mutter die benutzte Pfanne entdeckt. Ich konnte sie gerade noch verstecken.

Die andere Möglichkeit an eine heiß begehrte Süßigkeit zu kommen, gab es auf dem Weg zum wieder eröffneten Freibad. Auch dafür brauchte man Zucker und etwas Geld. Auf dem Weg zum Schwimmbad befand sich ein Milchgeschäft und in diesem gab es gegen Abgabe von 10 Gramm Zucker und 10 Pfennig eine Kugel Milcheis. Aber wie kam man an 10 Gramm Zucker? Im Buffet in der Stube befand sich neben Spielen und Spielkarten auch ein kleiner, verschraubbarer Knobelbecher, rot mit schwarzem Deckel, den mein Vater mal aus Frankreich mitgebracht hatte. Dort hinein füllte ich von Zeit zu Zeit heimlich jeweils eine Prise Zucker aus unserer Zuckerdose ab und als ich ungefähr einen Teelöffel zusammen hatte, nahm ich den Becher heimlich mit zum Freibad und kam so in den Genuss eines wundervollen Eises.

Vertreibung der Sudetendeutschen

Kurze Zeit nachdem wir wieder zu Hause waren, begann im Herbst 1945 die Vertreibung der sudetendeutschen Bevölkerung aus der Tschechoslowakei. Da wir im letzten Haus genau an der Grenze wohnten, bekamen wir das ganze Elend der Flüchtlinge hautnah mit. Mit Treckern, Wagen und zu Fuß kamen sie über die Grenze und zogen vorbei, ohne Hoffnung, verzweifelt und hungrig.

Ich erinnere mich noch sehr genau an einen Tag, an dem meine Mutter den ganzen Tag nicht zu Hause war, am Tag zuvor hatte sie aus Kleiemehl, Wasser und Salz einige Brote gebacken, welche duftend in der Küche lagen. Die Vorbeiziehenden taten mir leid und so stellte ich mich mit Brettchen und Messer an ein geöffnetes Flurfenster und begann an jeden der Leute, wenn sie herantraten, eine Scheibe Brot zu verteilen, bis nichts mehr da war. Ob ich eine Strafe für diese Tat bekommen habe, weiß ich glücklicherweise nicht mehr, ich war jedenfalls ganz zufrieden mit mir.

Zurück zur Schule (Herbst 1945)

Die Aufräumarbeiten der Zerstörungen in unserer Stadt durch den Krieg waren mit vereinten Kräften abgeschlossen und bald wurde die Schule wieder geöffnet. Weil alle Lehrer während des Krieges eingezogen waren und nun entweder tot, verwundet oder in Kriegsgefangenschaft, bekamen wir sogenannte Junglehrer. Das waren meist Abiturienten. Mein junger Klassenlehrer hieß Ackermann und war der Sohn unseres Bäckers. Wir waren sehr wilde Kinder und hatten keinen Respekt vor ihm. Ich erinnere mich zum Beispiel daran, dass wir ihn einmal Huckepack aus dem Klassenzimmer getragen haben, als er paar Minuten den Unterricht verlängern wollte.

Unterrichtet wurden nur die Grundfächer, was uns allen sehr gut gefiel. Es gab noch einen freiwilligen Englischkurs, welcher heiß begehrt war, allerdings nicht wegen der älteren und sehr strengen Lehrerin Frau Bär, sondern in jeder Stunde gab es ein frisches Kleiebrötchen, was etwas ganz besonderes war. Für einige Kinder war es die erste Mahlzeit des Tages, aber auch ich werde wohl den Duft des Brötchenkorbes nie wieder vergessen.

Unser Städtchen Ebersbach war jetzt in der russischen Besatzungszone. Das hieß auch, dass wir noch ein neues Schulfach bekamen: Russisch! Das fanden wir anfangs etwas komisch, aber es hieß, dass Deutschland jetzt geteilt ist und wir von einer russischen Kommandantur verwaltet. Was das genau bedeutete, wurde mir erst später bewusst.

Neue Nachbarn

Russische Soldaten sollten in unsere Stadt ziehen. Und ausgerechnet im Zollamt gegenüber unseres Hauses wohnen. Die Bewohner unserer Stadt hatten große Angst und wir als unmittelbare Nachbarn und außerdem nur als eine Frau und zwei Mädchen ganz besonders. Wir hatten viel Schreckliches von der Roten Armee gehört und hatten Angst vor Rache. Aber es nützte nichts, wir mussten irgendwie mit der Situation klarkommen, obwohl ich oft dachte, dass sie vielleicht gar nicht kommen und unsere kleine Stadt einfach vergessen.

Aber es sollte anders kommen. An einem Nachmittag ging ich nach der Schule in die Waschküche. Auf einmal klopfte es ans

Fenster und ein Mann mit schmalen Augen grinste mich an! Ich bin schreiend in die Küche gerannt, nicht nur weil ich mich erschrocken hatte, sondern auch die Erinnerung an den Piloten im Flugzeug auf der Flucht war schlagartig wieder da. Meine Mutter wollte uns gerade verbieten, allein in den Garten zu gehen, als es an der Haustür klopfte.

Als sie ängstlich öffnete, stand ein junger russischer Soldat vor ihr, sagte kein Wort sondern hielt ihr seine geöffnete Hand mit irgendetwas darin hin. Es war schwarzer Tee. Er rieb sich dabei den Bauch und gestikulierte mit Händen und Füßen. Es hat eine Schrecksekunde gedauert bis meine Mutter verstand was er wollte. Sie holte etwas Zucker und bekam dafür den schwarzen Tee. So begann ein für beide Seiten sehr erfolgreicher Tauschhandel. Unsere Angst wich Verwunderung und die Devise meiner Mutter war, immer freundlich und unauffällig sein, denn es sind bestimmt nicht alle russischen Soldaten harmlos und friedlich zu Deutschen.

Unser Leben war zwar ziemlich mühselig und von Hunger begleitet, aber zum Glück hatten wir kaum noch Angst vor den neuen Nachbarn. Es war bei uns im Haus ein ständiges Kommen und Gehen von russischen Soldaten, mit denen meine Mutter Tauschgeschäfte einging. Sie war sicher manchmal am Ende ihrer Kraft und Geduld, aber es half nichts, denn niemand wusste, was noch kommen würde und so musste das Beste aus der Situation gemacht werden.

Besonders liebten die Russen, wenn meine Mutter für sie kochte. Wie immer wechselte eine Handvoll wunderbarer schwarzer Tee den Besitzer und dann gab es Kartoffelbrei mit Heidelbeerkompott, das war das Höchste was man zu dieser Zeit kochen konnte.

Ab und zu wurden die russischen Soldaten ausgetauscht und ergänzt. Dann bekamen wir von den vorherigen Tipps, wer von den Neuen in Ordnung war und welcher Soldat eher mit Vorsicht zu genießen. Angst vor ihnen hatten wir jetzt keine mehr, nur manchmal war alles schon unheimlich. Besonders abends, schließlich befanden wir uns im absoluten Grenzsperrgebiet zur Tschechoslowakei, keine 5 Meter entfernt von unserem Haus verlief ja die nun schwer von Russen bewachte Grenze.

Unser Leben spielte sich viel in unserem großen, schönen Garten ab. Die russischen Soldaten wurden von Langeweile und Heimweh geplagt, und einige standen oft bei uns am Gartenzaun.

Eines Tages kam ich auf die Idee, ein „Hosenhemd", heute würde man „Body" sagen, zu stricken, obwohl ich für Handarbeiten kaum etwas übrig hatte. Ich hatte so was in irgendeiner schönen französischen Zeitung gesehen, die meine Mutter immer noch aufbewahrte. Ich saß oft unter unserem Fliederbusch auf der Gartenbank und mühte mich sehr mit einer Rundstricknadel ab.

Irgendwann stand ein junger Soldat am Gartenzaun und beobachtete mich. Nach einer Weile rief er mich und machte mit den Händen Bewegungen, als wolle er auch stricken. Ich nickte und er kam in den Garten. Stricken konnte er aber auch nicht, aber er wollte es vermutlich von mir lernen.

Obwohl ich es auch nicht gut konnte, versuchte ich mein Bestes. Es hat dann irgendwann wirklich funktioniert, obwohl seine Finger kurz und dick waren, schaffte er es mit der Zeit tatsächlich ein paar Runden zu stricken und war mächtig stolz darauf. Unser Werk wuchs ständig und an den schmutzigen Rändern konnte man deutlich in den nachfolgenden Tagen seinen Fortschritt erkennen. Er hieß übrigens Sascha.

Meine Schwester, welche eine Schneiderlehre begonnen hatte, breitete am nächsten Tag einen Schnittmusterbogen auf dem Gartentisch aus und Sascha dachte, es sei eine Landkarte und war enttäuscht, dass er Moskau darauf nicht finden konnte. Dort kam er und die anderen jungen Soldaten nämlich her, es waren sehr junge Männer aus Moskau, ungefähr 18 - 20 Jahre alt und eigentlich Studenten. Mittlerweile konnten wir uns ein wenig besser verständigen. Meine Schwester wurde von einem, Mischa hieß er, besonders angehimmelt. Abends, wenn wir im Bett waren, dauerte es nicht lange und es erklangen unter dem Fenster, wehmütige, russische Lieder, begleitet von einer Gitarre.

Eines Tages wurde ich von den Soldaten gegenüber ins Zollamt eingeladen. Meine Mutter war nicht da und ich dachte, dass ich unbemerkt hin- und auch wieder zurückgehen kann. Obwohl man nur über die Straße gehen musste, war ich seit langem nicht mehr auf der anderen Straßenseite gewesen. Ich freute mich, aber war auch ängstlich, denn ich hatte keine Ahnung was mich in diesem riesengroßen Gebäude erwarten sollte. Es hatte innen lange, breite Treppen und riesige Räume. Durch die spärliche Möblierung wirkte es sehr kalt und die vielen roten Fahnen und Stalinbilder machten es nicht besser. Doch mir sollte recht bald warm werden!

Ich wurde an einen Tisch gesetzt und mit herrlichen Marmeladenbroten und süßem schwarzen Tee bewirtet. Dazu wurde gesungen und später auch wild getanzt. Und ich immer mittendrin. Ich trank immer mehr Tee, wurde immer lustiger und mir wurde auch immer wärmer. Aber irgendwann bin ich dann umgefallen. Sie hoben mich auf und trugen mich über die Straße nach Hause. Ich schlief fest und meine besorgte Mutter, die inzwischen wieder zu Hause war, wollte wissen was mit mir passiert ist, doch die Soldaten lieferten mich nur ab und machten sich dann schnell aus dem Staub.

Die Diagnose war dann schnell gestellt: Ich war schlicht und einfach total betrunken. Hervorgerufen durch viel Tee mit Wodka. Meine Gastgeber hatten wohl nicht bedacht, dass ich erst 11 Jahre alt war.

Eine glückliche Rückkehr

Am nächsten Morgen war mir übel, ich hatte Kopfschmerzen und musste zum Glück nicht zur Schule. Ich bekam mächtigen Ärger von meiner Mutter, dachte aber nicht, dass ich bewusst irgendetwas falsch gemacht hatte. Ich wurde außerdem durch die vielen leckeren Brote einmal richtig satt. Aber meine Mutter verbot mir, noch einmal ins Zollamt zu gehen.

Daneben plagten sie andere Sorgen: mittlerweile war der Herbst gekommen. Wir hatten weder Vorräte, noch Kohle für den anstehenden langen Winter. Ich ging, von meiner Mutter ausgeschimpft und diese Sorgen im Kopf, nach draußen. Da sah ich auf einmal einen Mann vor unserem Gartentor stehen, der mir sehr bekannt vorkam. Er winkte mir und lachte. Es war Paul!

Ich flog in seine Arme und wir freuten uns sehr. Es war, als wäre er nie weg gewesen. Der einzige Unterschied, die Uniform war verschwunden, alles andere war wie sonst. Sein Schabernack, den ich so gern mochte, blitzte aus seinen blauen Augen. Ich war glücklich und schleppte ihn in die Küche. Meine Mutter sah zwar etwas erschrocken, aber doch auch froh und ich glaube auch etwas verlegen aus.

Paul erzählte uns, er wurde in den letzten Kriegstagen direkt an die Front geschickt und konnte sich leider nicht mehr von uns verabschieden. Zum Glück überlebte er und kam nach Kriegsende in russische Gefangenschaft. Dort wurde er nach Monaten entlassen.

Ab jetzt änderte sich viel, denn es ging ernährungstechnisch bergauf. Paul war ein Genie für die Beschaffung von Lebensmitteln. Er fuhr täglich mit einem klapprigen Fahrrad zu umliegenden Bauernhöfen. Dort schwatzte er den Bauern unvorstellbare Köstlichkeiten wie Kartoffeln, Butter und Eier ab. Er hatte unseren schwarzen Tee und Tabak zum Tausch. Meine Mutter hatte eine Sorge weniger, denn wir hatten endlich wieder etwas mehr zu essen. Und in mir erwachte der Ehrgeiz, auch etwas zur Lebensmittelbeschaffung beizusteuern.

Lebensmittelbeschaffung mit Hindernissen

An einem Nachmittag schnappte ich mir den wohl gehüteten Puppenwagen meiner Schwester und zog los. Mein Ziel waren Kartoffelfelder auf einem Hügel direkt an der tschechischen Grenze.

Oben angekommen begann ich gleich mit der Ernte, das heißt, ich suchte die schon abgeernteten Felder auf deutschem Gebiet nach übriggebliebenen Kartoffeln ab. Ich suchte und suchte und fand nach langer Mühe ein paar sehr winzige Kartoffeln. Auf der tschechischen Seite war noch gar nichts abgeerntet und das Kartoffelgrün stand noch in voller Pracht mit dicken, großen Kartoffeln.

Ich konnte der Versuchung nicht widerstehen und begann am Rand des tschechischen Ackers mit der richtigen Kartoffelernte. Es war wunderbar, mein Wagen füllte sich schnell mit den herrlichsten Kartoffeln. Plötzlich hörte ich laute Schreie und Hundegebell. Als ich aufschaute, sah ich am Ackerrand tschechische Soldaten mit ihren Hunden stehen. Vor Schreck blieb mir mein Herz fast stehen. Die Soldaten samt Hunden kamen über den Acker gerannt und zertrampelten dabei die schönen Kartoffelpflanzen. Bei mir angekommen schrien sie mich ziemlich grob an, zum Glück verstand ich nichts. Nachdem sie wohl nicht mehr wussten, was sie einem kleinen, eingeschüchterten Mädchen noch sagen können und sich das Mitnehmen dieser kleinen Person wohl auch nicht richtig lohnte, stießen sie meinen vollgefüllten Puppenwagen mit mehreren Fußtritten den Hügel hinunter. Dann schauten sie mich noch eine Weile böse an und trampelten über den Acker zurück bis zum Waldrand. Als sie endlich außer Sichtweite waren, stolperte ich mit zitternden Knien den Abhang hinunter. Ich begann ein paar Kartoffeln aufzusammeln und in den zerbeulten, nun sehr schmutzigen Wagen zu laden. Dann versuchte ich den dreckigen ehemals blütenweißen Wagen zu säubern, aber ich verschmierte den Dreck nur noch mehr. Ich machte mich auf den Heimweg und kam in jämmerlichem Zustand zu Hause an. Paul lachte, meine Mutter schimpfte und von meiner Schwester bekam ich Prügel, da ich ihren Puppenwagen völlig demoliert zurückbrachte.

Obwohl recht zerknirscht von diesem ersten Versuch, gab ich nicht auf. Ich beriet mich ein paar Tage später mit Helga, einer Freundin, und wir entwickelten einen Plan. Ähnlich wie Paul wollten wir direkt zu den umliegenden Bauernhöfen gehen, um den Bauern ein paar Lebensmittel abzuschwatzen. Wir hatten zwar nichts zum Tauschen, aber wir waren ja noch klein und wollten es einfach so versuchen.

Ich tarnte es vor meiner Mutter als eine Art Ausflug und nahm einen kleinen Bollerwagen, etwas Proviant und eine Flasche kostbare Brause mit auf den Weg. Wir zogen vergnügt und voller Abenteuerlust los. Zunächst quer durch unser Städtchen um dann im Niederdorf rechts abzubiegen, und über Stock und Stein ging es dann bergauf in ländliche Gefilde. Es war ein weiter Weg, bevor wir ein kleines Wäldchen erreichten und unsere erste Rast in Heidelbeerkraut, trockenem Laub und einigen Ameisen einlegten. Dann ging es weiter, bis wir das erste Dorf erreichten. Es hieß Schönbach.

Mit Herzklopfen und zitternden Knien betraten wir das erste Bauernhaus unserer „Hamsterkarriere". In der niedrigen Stube empfing uns schon die Bauersfrau bevor wir überhaupt etwas sagen konnten mit den Worten: „Macht euch raus, wir geben nichts!" Auf so einen unfreundlichen Empfang waren wir nicht vorbereitet und Helga fing prompt an zu heulen. Ich heulte zwar auch gern und leicht, aber ich war in diesem Moment eher wütend. Und so packte ich Helga an der Hand und zog sie hinaus, quer über den Hof direkt in einen Kuhstall. Da roch es schön und war sehr warm, aber im Stall waren nicht nur einige Kühe, sondern auch ein ganz lieber Bauer. Er füllte uns in unsere inzwischen leere Brauseflasche Milch und gab jedem zwei Eier. Es war toll, wir waren stolz und glücklich. Getröstet und ermutigt zogen wir weiter zu anderen Bauernhöfen und bekamen noch mehr Eier, Körner, Zwiebeln, Salat und sogar Kartoffeln.

Als wir am Abend glücklich wieder zu Hause waren, wollte mir meine Mutter weitere solche Touren untersagen, obwohl wir wenig zu essen hatten, aber Paul fand es durchaus in Ordnung und verstand, warum ich einfach losziehen musste.

Helga und ich waren noch oft unterwegs, bis weit in den Herbst hinein. Aber damit war das Heranschaffen von lebenswichtigen Dingen nicht zu Ende, sondern fing erst richtig an.

Zunächst aber kam im Herbst noch die Zuckerrübenernte und Sirupherstellung. Für das Sirupkochen wurde unser Waschkessel umfunktioniert. Wir schleppten Kilos an Rüben ran und es begann in der Küche zunächst ein großes kollektives Waschen, Schälen und Schneiden der harten, widerborstigen Feldfrüchte. Diese kamen dann in den sorgfältig gereinigten Kessel im Waschhaus und wurden dort langsam angekocht und tagelang unter fast ständigem Rühren zu einem wunderbaren Zuckersirup eingekocht. Dieser half mit, die schweren Jahre ohne Süßigkeiten zu überstehen, denn eine Quarkschnitte mit Sirup war doch etwas sehr Schönes.

Im Herbst gab es viele Nüsse von unserem großen Walnussbaum und auch ganz viel Haselnüsse. Leider wurden meine Schwester, Paul und ich von unserer Mutter nur zum Aufsammeln eingeteilt und die Enttäuschung war groß, weil wir unsere Ernte fast vollständig abgeben mussten, schließlich war ja bald Weihnachten. Aber durch das raschelnde Laub zu stampfen, entschädigte für nicht vorhandene Nüsse, der Schulweg wurde so zu einem einzigen raschelnden Vergnügen und die staubigen Schuhe wurden vor der Haustür schnell mit dem Mantelärmel abgewischt.

Zu Hause wurde eine Frage immer drängender: wo kommt dieses Jahr Kohle oder Feuerholz her um den langen, harten Winter zu überstehen? Da konnte wieder nur einer helfen und so beruhigte mich das Augenzwinkern von Pauli sehr, während meine Mutter ängstlich und sorgenvoll guckte.

Kohle zu besorgen war schwierig und auch gefährlich, aber Paul hatte schon zwei Quellen ins Auge gefasst. Beide waren illegal, das wusste meine Mutter genau. Ich wollte unbedingt mitkommen wenn er losgeht um sie zu beschaffen, aber meine Mutter verbot es. Und so zog Paul am nächsten Abend allein los.

Auf wundersame Weise befanden sich am nächsten Morgen Briketts in unserem Kohleschuppen, da brauchte ich nicht zu gucken, das roch man ganz einfach, die Kohle roch nämlich sehr schön. Ich war beeindruckt und wollte unbedingt wissen, wie er das gemacht hat. Paul lachte verschmitzt und deutete auf das gegenüberliegende Zollamt, dort wo die Russen residierten. Er war nachts einfach in den Keller eingebrochen. Dort stapelten sich die Kohlebriketts bis zur Decke. Fast hätten sie ihn erwischt, aber er war sehr schlau und hatte auch immer viel Glück.

Dass wir jetzt russische Briketts in unserem Schuppen hatten machte meine Mutter zwar nervös, aber immerhin würden sie ein paar Wochen im Winter unseren Kachelofen beheizen. Aber für unseren üblichen langen und harten Winter würde dieser Vorrat nicht reichen. Also beschloss Paul zu einer weiteren größeren Kohlebeschaffungsmaßnahme aufzubrechen. Ich wollte auf jeden Fall mitkommen, aber meine Mutter verbot es wieder eindringlich. Diesmal ließ ich mich aber nicht abschütteln und bettelte Paul so lange an mich mitzunehmen, bis er einwilligte. Und meine Schwester wollte auch mitkommen.

Ein paar Tage später schlichen wir drei uns leise aus dem Haus. Meine Mutter schlief fest. Wir hatten Laternen und große Leinensäcke dabei. Es war finster, kalt und unheimlich. Wir gingen über einen Hang zum einsam liegenden Güterbahnhof. Paul hatte Tage vorher ausgekundschaftet, dass dort Züge mit hohen Waggons standen, in denen Kohle für die russische Kommandantur lagerte. Als wir sie endlich gefunden hatten, man roch schon von Weitem die Kohle und die Waggons waren in russischer Schrift beschriftet, hatte Paul große Schwierigkeiten, den Eisenriegel zu einem der Waggons zu öffnen.

Da hörten wir zu allem Unglück auch noch Schritte und Männerstimmen. Wir versteckten uns gerade noch so unter dem Waggon, bevor uns die Männer erreichten. Zum Glück merkten wir schnell, dass es gar keine russischen Soldaten, sondern nur andere deutsche Bürger waren, die sich auch Kohle beschaffen wollten. Wir erfuhren, dass die Kohle nicht nur für die russische Kommandantur, sondern auch für andere städtische Einrichtungen bestimmt war. Die normalen Bürger bekamen aber nichts davon.

Leider schafften es die Männer und Paul auch nicht mit gemeinsamen Kräften, einen der Waggons zu öffnen. Da hatte Paul eine Idee. Er hob mich und meine Schwester an den Rand des offenen Waggons und wir kletterten hoch. Wir standen nun inmitten eines Kohlebergs. Die Männer reichten uns Schaufeln hoch und wir füllten die mitgebrachten Säcke mit Briketts, verschnürten sie und warfen sie hinunter. Da flogen weitere Säcke zu uns hoch und wir füllten auch diese mit Kohle, bis jeder versorgt war. Meine Schwester und ich kletterten erschöpft bis zum Rand des Waggons zurück, wo uns die Männer wieder herunterhoben. Ich war stolz, sehr schmutzig aber auch sehr glücklich. Jetzt hatten wir genug Kohle und der Winter konnte kommen. Und meine Schwester und ich waren nicht unwesentlich an der Beschaffungsmaßnahme beteiligt gewesen.

Wir gingen nach Hause, schlichen uns ins Waschhaus, wuschen uns und unsere Kleidung. Dann fielen wir todmüde ins Bett.

Bei uns in der Stadt gab es einen Mann, Rudi Diesner, der in seiner Wohnung einen heimlichen Krämerladen hatte, in dem es alles zu kaufen gab, was es sonst nirgends gab. So auch „Aktive", das waren ganz seltene amerikanische Zigaretten. Sein Wohnzimmer war für mich wie ein Zauber-Kaufmannsladen, da lag zwar nichts offen rum, aber in den Schubladen und Kästchen gab es so manches Gute und bei Bedarf wurde dann das Gewünschte herbeigezaubert, gegen harte Währung versteht sich. Ich war sehr gern dort. Herr Diesner war ein lustiger Mann und ich liebte es mit ihm zu handeln. So hatte ich von Paul Geld oder andere Tauschware für drei „Aktive" dabei, ich schaffte es aber stets, vier Zigaretten auszuhandeln. Stolz rannte ich nach Hause und wurde von Paul für mein gemachtes Geschäft sehr gelobt.

In den Ferien durfte ich endlich wieder zu meinen Großeltern nach Wehrsdorf fahren. Da ging es drei Stationen mit dem Bummelzug 3. Klasse bis Sohland. Dann querfeldein über eine große Wiese, bevor man auf die Hauptstraße kam und dann noch eine knappe Stunde Richtung Wehrsdorf zu Fuß marschieren musste. Es war wie immer eine herrliche Zeit für mich. Mit meinen Großeltern wanderte ich täglich in den Wald, wir suchten Pilze und Heidelbeeren und machten dabei Picknick. Es war einfach unvergesslich schön, selbst das Ährenlesen auf abgeernteten Kornfeldern oder Kartoffeln sammeln.

Das Beste aber war, meinem Opa Alfred auf dem hohen, riesengroßen Dachboden zu helfen. Da roch es immer sehr gut nach allem Möglichen, besonders nach Tabak, welcher Blatt für

Blatt an Wäscheleinen geklammert zum Trocknen aufgehängt war. Das war also das Geheimnis der grünen Blätter, die ich als kleineres Kind Jahre zuvor auf dem Dachboden bewundert hatte. Jetzt war ich größer, wurde eingeweiht und durfte helfen. Nachdem die Blätter trocken waren und von der Wäscheleine geerntet wurden, ging es in der Wohnstube weiter. Auf den Esstisch kam ein großes hölzernes Kuchenbrett, dann eine Schneidemaschine. Die einzelnen Tabakblätter wurden wie für eine Zigarre aufeinander gelegt, fest zusammengerollt und dann möglichst fein geschnitten, so wie Borretsch für einen Gurkensalat. Der feingeschnittene Tabak wurde danach in eine kleine Holzkiste gelegt. Jetzt begann meine Arbeit: Ich legte in ein kleines Blechkästchen ein Blatt Zigarettenpapier und darauf etwas Tabak und dann rollte ich das Papier vorsichtig zusammen - und fertig war eine Zigarette. Diese legte ich in eine Zigarrenkiste. Meine Arbeit für meinen Opa war hier beendet, aber genau jetzt begann meine Arbeit für Paul.

Es ist kaum zu glauben, aber ich hatte einen Auftrag, ja, wir waren schon ein tolles Gespann, Paul und ich. Wenn ich Zigaretten drehte, hieß die Devise nicht wie bei Aschenputtel: Die Guten ins Töpfchen, die schlechten ins Kröpfchen, sondern 10 in die Zigarrenkiste für Opa Alfred und die nächste jeweils in eine Schachtel, welche auf dem nächsten Stuhl unter dem Tischtuch verborgen stand und die mir Paul mitgegeben hatte.

Am Ende der Ferien fuhr ich dann immer stolz und glücklich nach Hause, heimlich im Gepäck eine Schachtel mit Zigaretten. Zwar waren es keine „Aktive", aber dafür frische und handgemachte Zigaretten aus Eigenproduktion.

Im April 1948 wurde ich mit 14 Jahren aus der Volksschule entlassen. Aber wie sollte es für mich weitergehen? Da ich die Schule sehr mochte, wollte ich unbedingt zu einer Oberschule. Leider waren die damals noch nicht wieder geöffnet, sodass mich meine Mutter auf eine Haushaltsschule in den Nachbarort schickte.

Ich war zwar etwas enttäuscht, aber es war auch eine schöne Zeit mit meinen Freundinnen. Wir hatten viel Spaß und gelernt hat man auch etwas, z. B. auf die Frage der Lehrerin, zu welchen Fruchtarten der Kürbis denn gehöre, sagte meine beste Freundin Christa zur Belustigung der ganzen Klasse laut und von starkem Dialekt geprägt: „Der Körbs is eene Beere!"

4. Teil

Leben in der DDR

Ich wurde 15 und jetzt ging es ans Lehrstellensuchen. Dabei gab es einige Schwierigkeiten. 1949 wurde die DDR gegründet. Was zu dem Zeitpunkt noch kaum jemand ahnte, es war nach der Nazi-Zeit erneut eine Diktatur.

Die Mauer war zwar lange noch nicht gebaut, aber auf einmal durfte niemand mehr zur Lehrstellensuche seinen Wohnbezirk verlassen. Ich wurde Mitglied der FDJ, der sogenannten Freien Deutschen Jugend. Denn als Nichtmitglied hätte ich erhebliche Nachteile bei der Berufswahl zu befürchten, so meine ehemalige Lehrerin. Bei den Treffen der FDJ übten wir u.a. marschieren, damit wir zum 1. Mai bei offiziellen Paraden mitlaufen konnten. Ich fand diesen Zwang dahinter schrecklich. Dazu wusste ich ja auch überhaupt noch gar nicht, was ich einmal werden wollte.

Letzteres wurde von meiner Mutter komplett ignoriert als wir gemeinsam auf Stellensuche gingen. Etwas Praktisches sollte es sein, das war ihr sehr wichtig. Meine Schwester musste gegen ihren Willen das Schneiderhandwerk erlernen und ich sollte nach langer Überlegung meiner Mutter Köchin werden. Ich wollte alles andere als ausgerechnet Köchin werden, aber dagegen etwas zu sagen war zwecklos. Meine Mutter ging sofort mit mir im Schlepptau auf Stellensuche. Lehrstellen für diesen

Beruf gab es in unserem Bezirk kaum und wenn, wurden nur kräftige Jungen für die Ausbildung gesucht.

Paul war gerade wegen Beschwerden einer Kriegsverletzung in unserem Kreiskrankenhaus in Behandlung. Während meine Mutter und ich ihn besuchten, wurde ihm Essen serviert und so kam meine Mutter auf die Idee in der Krankenhausküche nach einer Lehrstelle für mich zu fragen. Ich war von dieser Idee überhaupt nicht begeistert, aber Widerrede half nichts und so standen wir kurz darauf vor dem Schreibtisch der Leiterin der Diätküche, einer Frau Jung.

Sie schaute uns unfreundlich an und wollte wissen, was wir in ihrem Büro zu suchen haben. Meine Mutter fragte, ob es in der Krankenhausküche eine Lehrstelle für mich gäbe. Frau Jung schüttelte den Kopf und wollte, dass wir wieder gehen. Aber meine Mutter ließ nicht locker und fragte ganz selbstbewusst, was Frau Jung denn gelernt habe um die Position der Küchenleiterin innezuhaben, und welche Ausbildungswege es denn da gäbe. Frau Jung musterte mich von oben bis unten, lachte laut auf und sagte abschätzend: „Für ihre Tochter, Frau Hultsch? Nein, das wird nichts!" Meine Mutter verließ ärgerlich das Zimmer mit den Worten: „Das werden wir ja noch sehen!"

Sie schliff mich dann ins Büro des Krankenhausleiters und irgendwie bekam ich dann doch eine Lehrstelle als „Kochscholarin" in der Krankenhausküche. Meine Begeisterung hielt sich in Grenzen. Genauso wie die von Frau Jung, die meine Vorgesetzte wurde.

Lehrjahre sind keine Herrenjahre

So ging ich also täglich um 5:30 ins Krankenhaus. Lehrjahre sind keine Herrenjahre bewahrheitete sich für mich vom ersten Tag an. Dienstbeginn war um 6 Uhr, aber die Kleinste und Jüngste, nämlich ich, musste vorher die beschwerlichsten Aufgaben erledigen. Morgens die Küche aufschließen und die ganzen Kessel und Herde vor Dienstbeginn anheizen.

Eines Morgens fand ich ein unvorstellbares Chaos vor. Alles war aus den Regalen gefegt, Kellen und anderes Küchengerät lag auf dem Boden und alle Lebensmittel waren ausgeschüttet. Ich bekam einen furchtbaren Schreck und hatte Angst, dass sich ein Einbrecher in der Küche befindet. Deshalb rannte ich raus und wartete auf meine Kolleginnen. Zusammen gingen wir wieder rein und durchsuchten die Küche. Da fanden wir in einem Nebenraum eine Küchenmitarbeiterin, die sich abends hat einschließen lassen, zwischendurch durchgedreht ist und im Wahn alles verwüstet hat. Sie wurde in eine Nervenheilanstalt gebracht. Das war nicht die einzige unangenehme Erfahrung, die ich machen musste.

Frau Jung, die mich am liebsten gar nicht eingestellt hätte, war sehr streng zu mir. Einmal bin ich zu spät gekommen, weil ich morgens wegen starker Zahnschmerzen zum Zahnarzt gegangen war. Sie verpasste mir eine schallende Backpfeife auf meine schmerzende Wange. Als Strafe musste ich nach meiner Arbeitszeit einen noch vorhandenen Wehrmachtbunker saubermachen, der zur Klinik gehörte. Es war Winter, kalt, dunkel und muffig. Frau Jungs Verhalten sollte sich aber schon bald auf ungeahnte Weise rächen. Im Untergeschoss der Küche waren verschiedene Kellerräume mit Vorräten. Immer wenn wir von dort etwas brauchten, wurde ich geschickt, denn niemand wollte in den dunklen Keller gehen.

Eines Tages war es wieder so weit. Im langen Kellergang befanden sich kleine Türchen in den Wänden. Das machte den Keller so unheimlich. Aber hinter den Türchen war eigentlich nichts außer leere Fächer. Trotzdem guckte ich immer zu meiner Beruhigung hinter einige. So auch an diesem Tag. Und ich wurde diesmal fündig: hinter einer Tür lagen zig Salamiwürste! Ich dachte, ich traute meinen Augen kaum. Das war unglaublich, denn Wurst gab es für unsere Patienten damals sehr selten, Salami noch seltener und jeder bekam wenn überhaupt mal streng abgewogen nur 30 Gramm davon. Diese Würste waren also ein Vermögen wert und es war merkwürdig, dass sie jemand hinter einem der Türchen versteckte. Frau Jung war an dem Tag schon nach Hause gegangen und so ich erzählte unserem Verwaltungsleiter, Herrn Buckendahl, was ich gefunden hatte. Dieser benachrichtigte die Polizei, welche schnell kam. Sie stellten den Keller auf den Kopf und fanden dabei ein verstecktes, in den Garten verlaufendes Kanalsystem. Ein Kanal führte direkt zu einem kleinen Häuschen, in dem unser Werksleiter wohnte. Auch im Kanal lagen Salamis und andere seltene Lebensmittel. Zur Rede gestellt gestand er, dass er und Frau Jung ein Verhältnis hatten und sie ihn heimlich mit Lebensmitteln versorgte. Das war das Ende von Frau Jungs Karriere im Krankenhaus.

Ein paar Jahre später, lange nach Ende meiner Ausbildung, wurde ich immer wieder mit den damaligen Geschehnissen konfrontiert.

Frau Jung wohnte in der Nähe des Krankenhauses. Auf dem Weg zu meinem Dienst dorthin begegnete ich ihr täglich, wenn sie zum Bahnhof ging um zu ihrer neuen Arbeitsstelle in eine andere Stadt zu fahren. Ihr wurde wegen der Salami-Affäre gekündigt. Und genau ihren Job habe ich dann ein paar Jahre später selbst bekommen. Die Stelle der Frau, die mich als 15-jähriges Mädchen und meine Mutter ausgelacht hatte, als wir nach einer Lehrstelle fragten. Es war eine späte Genugtuung.

Weltjugendspiele Berlin
und mein heimlicher Besuch im Westen (1951)

Ich trat 1950 unserem hiesigen Sportverein in der Sparte Turnen bei. Vermutlich, weil meine Schwester dort auch schon war. Ich mochte Turnen, aber ich war nicht besonders gut in Gymnastik. Bis sich herumsprach, dass bald Bezirksausscheidungen für die Weltjugendspiele in Ost-Berlin stattfinden sollten. Von diesem Tag an gab ich mir große Mühe auch gymnastisch gut zu sein, denn ich wollte unbedingt mit nach Berlin.

Nach anstrengenden Wochen mit täglichem Training fuhren wir eines Tages mit dem Zug nach Leipzig. Dort fand die Auswahl statt. Von den einzelnen Sportvereinen wurden nur die jeweils Besten ausgesucht und ich war sehr froh, dass ich ausgewählt wurde. In Berlin sollten wir als sportlichen Beitrag aus Sachsen das „Walzwerk Riesa" darstellen.

Wir waren über tausend Sportler und wurden nun in verschiedenfarbige Trainingsanzüge gesteckt. Ein Walzwerk darzustellen ist gar nicht so einfach und mir war, als ob alles was ich die Monate zuvor eingeübt hatte, plötzlich weg war. Vielleicht lag es auch daran, dass ich etwas frustriert war, denn ich wurde als Walzendarstellerin eingeteilt, während die Älteren und vermutlich auch besseren Turner gelbe und orange Anzüge bekamen. Sie waren privilegiert die Glut und den flüssigen Stahl zu gestalten. Von späteren Fotos weiß ich, dass die Darbietung nicht nur sehr umjubelt, sondern auch wirklich gut gewesen ist.

Obwohl der Besuch in Leipzig für mich Landei schon toll gewesen ist, einmal nach Berlin zu kommen war das Ziel. Ich übte voller Inbrunst die geforderten sozialistischen Lieder, welche für den großen Aufmarsch in Berlin einstudiert wurden. „Bau auf! Bau auf!" und „Im August, im August blüh'n die Rosen!" konnte ich in- und auswendig. Denn ich hatte noch einen weiteren Plan. Die Mauer war zwar noch nicht gebaut, aber in der DDR hieß es, dass West-Berlin und auch West-Deutschland nun zum „kapitalistischen Ausland" gehört, was man als DDR-Bürger auf keinen Fall betreten durfte.

Grund genug für mich, mir den Westen bei der einmaligen Gelegenheit nach Ost-Berlin zu kommen einmal anzusehen. Ich gab mein Bestes und die ganzen Wochen vor der Abreise nach Berlin übte ich wie im Rausch, damit ich auch bloß mitgenommen werde.

Die Reise zu den Weltjugendspielen fing ernüchternd an, denn wir Sportler wurden in einen kargen Güterzug verfrachtet und los gings! Dann wurde es nicht besser, denn wir wurden außerhalb von Berlin in König-Wusterhausen in einem riesigen Zeltlager einquartiert. Es lag an einem großen See.

Dort hatte ich gleich am ersten Morgen ein schreckliches Erlebnis. Zähneputzen und Waschen fanden am See statt. Da stand ich nun mit meiner Zahnbürste am Wasser und was kam vorbeigetrieben? Ein kalt und grau aussehender Mann, eine Leiche! Es dauerte eine Weile, bis ich mich von meinem Schock erholt hatte.

Am nächsten Tag war es dann soweit: Der große Aufmarsch der sozialistischen Weltjugend durch Ost-Berlin sollte stattfinden. Dieser wurde von Fernsehsendern in die ganze Welt übertragen. Ich hatte mir ja vorgenommen irgendwie nach West-Berlin zu kommen. Eine mit mir angereiste Freundin war in meinen Plan eingeweiht und wollte mich begleiten. Als FDJlerinnen trugen wir eine blaue Uniform mit gelben Halstüchern, welche aber nur zu ganz besonderen Anlässen getragen werden durfte. Heimlich hatten wir uns aber auch jede ein Sommerkleid, schicke Schuhe und Schminke in einen Beutel gepackt. Brav marschierten wir laut sozialistische Lieder singend mit der Menge mit. Von einem weiteren Mädchen erfuhren wir, wo es am besten wäre aus dem Zug auszubüchsen um möglichst nah an der U-Bahn zu sein, welche nach West-Berlin fuhr.

In einem günstigen Moment blieben wir drei zurück und versteckten uns in einem Treppenhaus eines Hauses direkt an der Straße. Dort schlichen wir uns in einen Keller und zogen uns aufgeregt um. Die FDJ-Uniformen verstauten wir in unsere Beutel. Dann gingen wir ängstlich aber auch erwartungsfroh zur U-Bahn-Station. In der U-Bahn, die über die Friedrichstraße in den Westen von Berlin fuhr, hatten wir große Angst, dass entdeckt wird, dass wir DDR-Bürgerinnen waren. Aber man sah uns wohl nichts an. Nach 2 Stationen stiegen wir aus.

Ich kann mich noch genau an das Gefühl erinnern, als ich kurze Zeit später mit weichen Knien die Treppe der U-Bahn-Station in West-Berlin hinaufstieg. Direkt am Ausgang hatte ein Mann seinen Obststand mit Früchten aufgestellt. Solche hatte ich noch nie gesehen und ich war überwältigt. Mein in Nachkriegsjahren eingeübtes Talent für das Handeln machte sich bemerkbar, denn ich schaffte es, uns mit Ost-Mark Bananen zu kaufen!

Auf der anderen Straßenseite sahen wir viele verlockende Geschäfte mit Kleidung und Haushaltsgegenständen, aber wir hatten keine Zeit zum Hineingehen, denn wir hatten große Angst, dass unser Fehlen beim großen Aufmarsch bemerkt wird.

Wir gingen nur einmal ein kurzes Stück die große Straße auf und ab und bestaunten alles. Aber vor einem kleinen Tabakladen konnte ich nicht widerstehen und obwohl ich damals noch gar nicht rauchte, kaufte ich eine 5er Packung Zigaretten in einer grünen, flachen Schachtel.

Dann ging es schnell wieder nach unten in die U-Bahn Richtung Ost-Berlin. Im Osten angekommen zogen wir in einem Kellereingang unsere FDJ-Uniformen wieder an und warteten in Deckung, bis der große Umzug an uns vorbeikam. Dann reihten wir uns wieder ein. Unser Ausflug hatte nur etwas über eine halbe Stunde gedauert. Obwohl er sehr riskant und aufregend war, fanden wir ihn wunderschön.

Völlig überwältigt mit Eindrücken aus Ost- und West-Berlin kam ich sehr erschöpft wieder zu Hause an - und dort erwartete mich eine unglaubliche Nachricht.

Ich hatte völlig vergessen, dass ich mich im Frühjahr bevor der ganze Trubel mit den Weltjugendspielen in Berlin angefangen hatte, an der Fachschule für Diätassistentinnen in Dresden zur Aufnahmeprüfung angemeldet hatte. Ohne vorgeschriebenes Mindestalter von 18 Jahren und erforderlichem Abitur war diese Bewerbung sowieso aussichtslos, aber ich versuchte es trotzdem. Und wurde belohnt: Ich bekam eine schriftliche Aufforderung pünktlich zur Aufnahmeprüfung in

Dresden zu erscheinen. Das Schlimme daran war, das dieser Termin am nächsten Tag stattfinden sollte.

Ich hatte keine Lust auch nur einen Schritt in diese Richtung zu tun, ich war erfüllt von meinen Berlin-Eindrücken, die ich erst mal verarbeiten wollte. Außerdem war ich von den Weltjugendspielen und der Aufregung unseres illegalen Ausfluges noch sehr müde. Aber wer meine Mutter gekannt hat, der weiß, da gab es kein Zurück, sondern nun hieß es: „Auf nach Dresden - Widerworte zwecklos!"

So kam ich dann an einem Montag im August in Dresden an und fragte mich bis zur Schule am Johannstädter Krankenhaus durch. Wie gut, dass ich schon in Kinderjahren auf den Fahrten zu meinen Großeltern geübt hatte meinen Oberlausitzer Dialekt abzulegen.

Das Krankenhaus war ein riesiger Gebäudekomplex. Im weitläufigen Park waren die Krankenstationen in einzelnen Häusern untergebracht. Also dauerte es einige Zeit, bis ich das Hauptgebäude und den Informationsstandort gefunden hatte. Dort bekam ich eine Adresse für ein möbliertes Zimmer in der Nähe und die Order, mich am nächsten Tag pünktlich um 8 Uhr im Schulungsraum der Diätfachschule einzufinden.

Die Zimmersuche war einfach und die dazugehörige ältere Dame sehr freundlich. Aber ich war ziemlich erschöpft und

Dresden erschien mir schrecklich und ich wollte nur die Prüfung hinter mich bringen und so schnell wieder möglich wieder nach Hause.

Müde und ängstlich machte ich mich am nächsten Morgen auf den Weg zur Fachschule für Diätassistentinnen. In einem großen Raum erwartete mich ein unbeschreibliches Stimmengewirr von sehr vielen Bewerberinnen und von jung bis reichlich älter, aber niemand war noch so jung wie ich, was mich sehr einschüchterte. Eine Lehrassistentin sorgte für die Organisation dieses Durcheinanders und wies mir einen Platz an einem langen Tisch zu.

Dann kam die Prüfungskommission, mehrere streng aussehende ältere Leute begrüßten uns und los ging es. Zuerst mit Mathematik, dann einem Diktat und zum Schluss mit Fragen zur politischen Allgemeinbildung im Hinblick auf die Deutsche Demokratische Republik. Ich wollte das alles möglichst schnell hinter mich bringen und geprägt von der Vorbereitung für die Weltjugendspiele wusste ich recht schnell darüber Bescheid, was zu antworten war und so rechnete ich und schrieb aber auch viel von „sozialistischen Errungenschaften der DDR", die mir aber ehrlicherweise selbst gar nicht so klar waren.

Froh endlich alles schnell über die Bühne gebracht zu haben, saß ich endlich wieder im Zug. Ich kann mich an nichts Wesentliches mehr erinnern, nur an das Glücksgefühl als der Zug endlich den Bahnhof Richtung Ebersbach verließ.

Für mich war nach meinen Eindrücken in Dresden das Thema Diätfachschule eigentlich erledigt. Erstens dachte ich die Prüfung sowieso nicht bestanden zu haben, schließlich wurden von allen Teilnehmerinnen nur die 25 Besten angenommen und zweitens hatte ich keine Lust die nächsten zwei Jahre von zu Hause weg in Dresden und auch noch auf dieser Schule zu verbringen.

Meine Mutter war allerdings voller Hoffnung und als nach etwa 14 Tagen ein Brief vom Gesundheitsministerium Dresden kam, weiß ich nicht, was wirklich in ihr vorgegangen sein mag. Das Ende vom Lied war jedenfalls die Bestätigung der Annahme für die zweijährige Fachausbildung zur Diätassistentin in Dresden. Schulbeginn der 1. Oktober 1951. Ich war etwas geschockt, aber mein Wille als 17-Jährige zählte nicht.

Fachschule für Diätassistenten Dresden(1951-1953)

So kam ich ein paar Tage vor dem Schulbeginn mit Sack und Pack in Dresden an. Da das zur Schule gehörende Internat noch belegt war, wurden uns möblierte Zimmer für den Übergang zugewiesen. Ich bekam eine Zimmergenossin namens Helga, mit der ich mich prächtig verstand, wir demzufolge einige Streiche aushecken und irgendwann einen Verweis wegen ungebührlichen Verhaltens bekamen.

Zum Ausbildungsvertrag gehörte auch eine Vergütung in Form eines Stipendiums von 180 Ost-Mark, was ich als riesiges Vermögen empfand. Dies war zu freien Verfügung und sollte den Lebensunterhalt unabhängig von der Versorgung durch die Schule gewährleisten.

Aber anstatt das Geld für Frühstück, Abendessen, Bücher und Fahrgeld für die alle 2 Wochen fällige Heimreise einzuteilen, rannten Helga und ich in ein teures Wäschegeschäft und kauften von dem schönen Geld die erst ganz neu auf dem Markt gekommene Perlonunterwäsche und Strümpfe.

Durch den regelmäßig stattfindenden Besuch kultureller Veranstaltungen kamen die Dorfbewohnerinnen unter uns auch zu ihren ersten Theaterbesuchen. Ich erinnere mich an Rigoletto und Der Fliegende Holländer. Was mich noch mehr interessierte war aber, dass im Theater ein Verkauf von getragenen Kostümen und anderem Zubehör aus dem Fundus stattfand. Ich ergatterte ein Paar hochhackige grüne Wildlederpumps. Und danach war das Geld weg.

Von unseren Einkäufen wurden Helga und ich leider nicht satt und so war abends Schmalhans Küchenmeister. Wir hatten oft noch Hunger aber wussten uns zu helfen: In unserem Zimmer stand ein kleiner eiserner Ofen, der nur am Abend beheizt wurde. Seine obere Platte war sehr warm. Darauf legten wir Brotscheiben, bestrichen sie mit etwas Margarine und schnitten frische Knoblauchzehen als Belag darauf, zum Schluss noch bisschen Salz und fertig war ein herrliches Mahl.

Leider bracht uns dieses Ritual der Abendbrotgestaltung nur Ärger und schon wieder einen Verweis ein, da sich die Mitschüler über unseren Geruch beschwerten. Ja, leicht hatten wir es nicht.

Die zweijährige Ausbildung bestand aus einem praktischen und einem theoretischen Teil. Da zwei Kurse parallel stattfanden, fand jeweils ein Kurs in der Küche des Johannstädter Krankenhauses statt, während die Schülerinnen des anderen Kurses theoretischen Unterricht hatten, dies fand im wöchentlichen Wechsel statt. Nach einer Unterrichtswoche hatten wir dann immer ein freies Wochenende und durften nach Hause fahren. Aber pünktlich um 22 Uhr am Sonntag mussten wir zurück sein, wenn nicht, wurde die nächste Heimfahrt gestrichen.

An einige Vorkommnisse während der Schulzeit erinnere ich mich noch deutlich. Ziemlich am Anfang an etwas sehr Schmerzhaftes. Es war in der praktischen Woche und ich musste den Inhalt eines großen, mit kochender Vollmilch gefüllten Kessels in 1-Liter Kannen abfüllen. Da ich recht klein und zierlich war, konnte ich den großen Kessel nicht richtig anheben und so landete beim Schütten das meiste nicht in der Kanne, sondern ergoss sich über meinen linken Fuß. Ich weiß noch, wie man mich in einem Rollstuhl durch das Parkgelände zur Ambulanz gefahren hat und dass ich laut geschrien habe. Es tat höllisch weh. Dort angekommen zog man mir zuerst die Wollsöckchen und die Strümpfe aus und diesen Schmerz werde ich auch nie wieder vergessen. Etwa 6 Wochen lag ich dann auf einer Krankenstation, wo mich meine Mutter und Paul besuchten. Ein denkbar schlechter Start in das neue Schulleben. Später machte es mir mein Übermut auch nicht leichter.

In unseren Schulräumen hingen überall Bilder von DDR-Politikern. Ich konnte mit der DDR-Politik wenig anfangen und fand diese massenhaften Bilder übertrieben. Eines Tages nahm ich in einen Anflug von Übermut ein Bild von Walter Ulbricht von der Wand und trampelte unter dem Gegröle der Mitschülerinnen darauf herum. Die Tür ging auf - und herein kam unser Dozent für Gesellschaftswissenschaften, ein Russe. Zum Glück hat er nicht genau mitbekommen, was ich getan habe.

Ein paar Tage später hatte ich Geburtstag und es gab den netten Brauch, dass man sich in der Klasse ein Lied wünschen durfte. Mein gewünschtes Lied war: „Die Gedanken sind frei." Das ging natürlich gar nicht und wurde auch nicht gesungen.

Sonst machte die Schule aber auch sehr viel Spaß. Wir Schülerinnen waren eine nette Gemeinschaft und Streit gab es bei uns nicht. Jeder Geburtstag wurde gefeiert und es wurde sogar in der Adventszeit gewichtelt. Das war sehr spannend, denn man wusste ja nie, ob am Morgen eine kleine Überraschung vor der Zimmertür lag, oder eben nicht.

Ich hatte sehr hochnäsige Mitschülerin, Marietta. Sie wurde von vielen bewundert, auch von mir. Obwohl sie mich kaum beachtet hat, bekam sie immer ein schönes Wichtelpäckchen von mir.

Das erste Schuljahr ging schnell vorbei und trotz des Spaßes, den wir hatten, gab es immer sehr viel zu lernen. Wir hatten 18 Fächer. Unter anderem Anatomie, Pathologie, Biochemie, Geografie, Literatur, Ernährungswissenschaften und Gesellschaftswissenschaft. Nach einer anstrengenden Zwischenprüfung blieben von den vormals 25 ausgewählten Schülerinnen nur 18 übrig und ich war sehr stolz, dass ich, die kleine Nanne, dazugehörte.

Das 2. Schuljahr unterschied sich kaum vom ersten Jahr. Die Anforderungen waren sehr hoch und wir hatten den ganzen Tag von früh bis spät Unterricht. So manches freies Wochenende fiel wegen Lernens aus, denn der Termin der Abschlussprüfungen und damit des Staatsexamens rückte bedrohlich näher und näher.

Es gab eine praktische und eine theoretische Prüfung. Die praktische Prüfung fand in der Lehrküche des Johannstädter Krankenhauses statt. Diese bestand aus zwei Teilen. Wir mussten zu einer vorgegebenen Diagnose einen genau berechneten Diätplan erstellen und ein Menü daraus kochen, dazu kam noch eine küchentechnische Aufgabe. Meine hieß: „Schweinefilet braten und anrichten". Jede Menge Prüfer gingen mit strenger Miene durch den Prüfungssaal und beobachteten jeden unserer Handgriffe genau. Da kam man vor Nervosität ganz schön ins Schwitzen. Meine Aufgabe war deshalb nicht einfach, da ich vorher noch nie ein Schweinefilet gesehen, geschweige denn zubereitet hatte. Ich wusste nur, es musste innerlich noch rosa sein.

Mein Filet war leider nach der Fertigstellung alles andere als rosa, es war ordentlich durchgebraten, bei Filet geht das ziemlich schnell. Es war mir klar, dass ich durch die Prüfung durchgefallen war. Nach einem kurzen Schreck überlegte ich, was ich tun könnte. Glücklicherweise fiel mir ein, dass wir in einem Holzschrank an der Küchenwand Lebensmittelfarben aufbewahrten. Beim Kochen in der DDR waren diese sehr wichtig, um beispielsweise aus einem Hühnerfrikassee ein ansehnliches Gericht zu zaubern.

Die Prüfer immer im Auge bewegte ich mich langsam rückwärts auf die Holzschränke zu, öffnete zitternd hinter meinem Rücken die Türen. Als sich die Prüfer kurz um eine Klassenkameradin versammelten, drehte ich mich schnell um, nahm mit einer Hand die Flasche mit der roten Farbe und benetzte die Fingerkuppe meines Zeigefingers damit. Ich drehte mich schnell um und mit dem präparierten Finger ging ich rasch an meinen Arbeitsplatz zurück. Dort tat ich so, als wollte ich die einzelnen Scheiben des aufgeschnittenen Filets ansehnlich anrichten, aber in Wirklichkeit berührte ich jede Scheibe und färbte sie so zartrot ein. Oh Wunder, es sah jetzt recht appetitlich aus und keiner hat etwas gemerkt. Mein Filet wurde von den Prüfern hoch gelobt, zum Glück hat es niemand probiert.

Einige Tage später folgte dann das schriftliche und das mündliche Examen. Schriftlich stand ich leider nicht besonders gut. Das letzte mündliche Prüfungsfach war Biochemie. Mit den Nerven am Ende und ziemlich verzweifelt saß ich in meinem Zimmer, da das mündliche Examen in den Internatsräumen stattfand.

Ich sehe mich noch heute auf meinem Bett liegend, vor mir das Biologiebuch und die zufällig aufgeschlagene Seite über „Das Eiweiß". Also habe ich die Abhandlung über das Eiweiß apathisch durchgelesen, dann hörte ich die Klingel, was bedeutete, dass ich runter in den Prüfungsraum musste. Das Thema wurde im Losverfahren ermittelt, ich Glückskind zog „Das Eiweiß"! Und da mein Kurzzeitgedächtnis sehr gut funktionierte, verbesserte ich mich mit einem perfekten Vortrag über „Das Eiweiß" auf insgesamt eine Zwei! Das sorgte für eine schöne Gesamtnote und das bestandene Staatsexamen. Ich war nun „Staatlich geprüfte, examinierte Diätassistentin". Ich war besonders stolz, dass es von ursprünglich 25 Schülerinnen zum Schluss nur 9 geschafft hatten und ich war weder 18 Jahre alt noch besaß ich das geforderte Abitur beim Anfang der Ausbildung.

Erste Liebe (1953)

Schon bei meinen Wochenend-Fahrten nach Hause während meiner Ausbildung zur Diätassistentin hatte ich mich in einen Mann aus meinem Heimatstädtchen verliebt. Er hieß Horst, kam als Flüchtling mit seiner Familie nach Ebersbach und war recht schüchtern. Da jede Woche im Volkshaus Tanz war, übrigens mit richtiger 16-Mann Kapelle, mit 3 Saxophonen und 4 Trompeten, nutzte ich die Damenwahl zur Kontaktaufnahme.

Schon beim ersten Tanz hat es dann so richtig gefunkt, glücklicherweise bei beiden. Nach relativ kurzer Zeit waren wir verlobt und ich glaube, wir liebten uns sehr. Horst hatte eine Ausbildung zum Weber gemacht und ging zu dieser Zeit in der Nähe von Karl-Marx-Stadt auf eine Meisterschule. So ergab es sich, dass wir uns alle zwei Wochen im Zug trafen und zusammen Richtung Heimat fuhren. Die Wochenenden vergingen immer viel zu schnell, aber da Horst nur bei uns zu Hause war, hatten wir doch immer sehr schöne Tage zusammen.

Horst war bei meiner Mutter sehr gut angesehen, bis sie erfuhr, dass er eine geistig behinderte Schwester hatte. Sie begann dann auf eine subtile Art, die Beziehung infrage zu stellen, aus Sorge, unsere eventuellen Kinder könnten ebenfalls geistig behindert werden. Ich war so empört, sodass es ständig deswegen zum Streit kam, zumal meine Schwiegermutter in spe mir erklärt hatte, dass ihre Tochter Erika als Kind von einem Scheunentor am Kopf getroffen wurde und seitdem diese geistige Behinderung hatte. Meine Mutter hielt das jedoch nur für eine Schutzbehauptung und so beharrte jeder auf seinem Standpunkt, was Horst und mich jedoch in keiner Weise beeinflusste.

Wir waren sehr verliebt und so haben wir uns dann noch während unserer Ausbildungszeit verlobt. Es gab sogar viele Geschenke von der Familie, der Verwandtschaft und den Freunden.

Leider zerbrach die Beziehung durch meinen Leichtsinn. Als ich einmal allein ein Wochenende zu Hause war, konnte ich der Verlockung nicht widerstehen und ging zum Tanzen. Am nächsten freien Wochenende klingelte es abends an der Haustür, Horst war gekommen und gab mir statt einer lieben Begrüßung eine Ohrfeige und schmiss mir den Verlobungsring vor die Füße! Es war beim Tanzen ja gar nichts passiert, aber Horst war zutiefst verletzt.

Monatelang habe ich versucht ihn zu einer Versöhnung zu bewegen, aber leider erfolglos. Wir haben uns nie wieder gesprochen. Und ich wurde vor Liebeskummer krank.

Ich bekam wenig später die Arbeitsstelle von Frau Jung angeboten, meiner ehemaligen Chefin, die mich und meine Mutter vor Jahren ausgelacht hatte, als meine Mutter nach einer Ausbildungsstelle für mich fragte. Die Stelle als Diätküchenleiterin im Kreiskrankenhaus Ebersbach war nicht nur eine Genugtuung, sondern die neue Verantwortung lenkte mich zum Glück auch vom Liebeskummer ab.

Neue Liebe (1955)

N ach Monaten ging ich wieder zum Tanzen. Dort fiel mir ein hübscher junger Mann in einem unglaublich schicken Anzug auf. Als wir ein paar Mal zusammen getanzt hatten, verliebte ich mich in ihn. Er hieß Christian und stammte ursprünglich aus dem Nachbarort Neugersdorf. Mit 17 Jahren war er zu Verwandten in den Westen ausgereist. Jetzt lebte und arbeitete er in Essen. Er verliebte sich auch und wir verlebten eine wunderbare Zeit, bis er leider wieder nach Westdeutschland musste.

Jetzt gab es keine Möglichkeit mehr, einfach so mit der U-Bahn in den Westen zu fahren, denn es gab ja jetzt die gut gesicherte deutsch-deutsche Grenze inklusive der Mauer und ich konnte als DDR-Bürgerin nicht mit oder ihn einfach mal besuchen. Wir waren sehr traurig darüber. Dazu kam, dass ich von meinen Vorgesetzten mehr und mehr genötigt wurde in die Sozialistische Einheitspartei Deutschlands (SED) einzutreten, aber das wollte ich auf keinen Fall. Ich war zunehmend mit der Situation in der DDR unzufrieden. Es gab keine Reisefreiheit und auch keine wirkliche Meinungsfreiheit.

Meine zweite Flucht (1956)

E in paar Wochen später ging mein Chef, der Gesamt-Küchenleiter, in den Urlaub und ich bekam in dieser Zeit seinen Posten als Stellvertreterin mit der erneuten Ermahnung, nun endlich in die SED einzutreten, sonst könne ich keinen so wichtigen Posten behalten. Im März 1956 hieß es plötzlich von der Krankenhausleitung, dass mein Chef überhaupt nicht mehr wiederkäme, da er während seines Urlaubs in den Westen abgehauen ist.

Am selben Tag bekam ich die schriftliche Einladung von Christian für einen Besuch in Essen. Eine solche Einladung und deren Bewilligung von staatlicher Seite waren die einzige Chance für einen Besuch eines DDR-Bürgers in Westdeutschland. Aber ich hatte mehr im Sinn als nur einen Besuch. Um erst mal die Reise in den Westen bewilligt zu bekommen, benötigte man ein Visum. Dieses bekam man aber nur, wenn der Arbeitgeber einen ordnungsgemäßen Urlaub bestätigte. An Urlaub für mich war in der Situation, als Vertretung des Küchenleiters, natürlich nicht zu denken.

Trotzdem fuhr ich wild entschlossen zur Polizeistation der nächst größten Stadt, nach Löbau. Ich weiß noch, dass ich vor Aufregung gezittert habe und auch ziemliche Angst hatte, denn was ich vorhatte war alles andere als legal nach DDR-Recht.

Ich beantragte im Büro des diensthabenden Polizeibeamten ein Visum für West-Deutschland. Alle nötigen Papiere legte ich vor, aber natürlich fehlte die Urlaubsbescheinigung des Arbeitgebers. Ich stellte mich unwissend und versicherte, dass ich diese schon hätte und nachreichen würde. „Nein, nicht nötig", meinte der freundliche Polizist, ich kenne den Krankenhausleiter Herrn Buckendahl persönlich und rufe ihn schnell mal an. Oh Gott, mir wurde schlecht vor Angst, dass meine Geschichte hier zu Ende gehen könnte und ich höchstwahrscheinlich nicht nur meine Arbeit verlieren könnte, sondern vielleicht sogar mit einer Anzeige wegen „Versuch des unerlaubten Grenzübertrittes" rechnen müsste.

Er hatte gerade den Hörer in der Hand, als sich plötzlich die Tür öffnete und ein sehr aufgeregter Polizist in sein Büro stürmte und ihm etwas zurief. Daraufhin setzte der Beamte ganz schnell seinen Stempel unter das Visum und rannte mit dem Polizisten aus dem Büro. Ich blieb noch völlig aufgelöst einen Moment sitzen und fuhr dann mit wackligen Knien nach Hause.

Wie schon oft in meinem Leben hatte ich unheimliches Glück gehabt.

Zu Hause angekommen weihte ich meine Mutter in meine Pläne ein, in den Westen zu fliehen. Falls ich auf diese Art und Weise die DDR verließ, war uns klar, dass eine Rückkehr ausgeschlossen wäre. Meine Mutter war sehr verständnisvoll und sagte überraschenderweise: „Marianne, du kannst hier nichts werden, wenn du nicht in die SED eintrittst und das willst du nicht, also bleibt nur eines, du fährst nach Essen und bleibst da, so eine Chance bekommst du nie wieder."

Für mich war persönliche Freiheit schon immer sehr wichtig gewesen, sonst hätte ich mir beispielsweise nicht bei diversen Anlässen das Lied: „Die Gedanken sind frei" gewünscht, trotzdem hatte ich bei dem Gedanken Familie und Heimat wegen meiner Freiheit zu verlassen und womöglich nie wiederzusehen ein mulmiges Gefühl. Ich war sehr froh, dass mir meine Mutter Mut machte, mich ziehen lassen wollte und sogar meine Schwester mein Vorhaben unterstützte.

Alle begannen mit den Vorbereitungen meiner Flucht. Meine Schwester nähte mir aus braunem Wollstoff einen Rock, welcher zu beiden Seiten mit drei großen überzogenen Knöpfen versehen wurde. In jeden Knopf wurde ein 50-Mark Schein eingenäht. Dann wurde ein Koffer gepackt und die Reise geplant. Uns war klar, dass ich nicht einfach zum Bahnhof marschieren konnte, um die Reise nach Dresden anzutreten, denn das war viel zu auffällig. Ich hatte in der Zeit einen Verehrer, der mir nicht von der Stelle wich, und es war auch schwer, ihn in den letzten Tagen abzuhängen, weil ich einfach keine Mitwisser haben wollte. Wie ich viel später erfuhr, war er vermutlich ein Stasi-Mitarbeiter und auf mich angesetzt.

Ich fuhr an meinem Fluchttag zunächst in die entgegengesetzte Richtung nach Görlitz, von dort dann nach Dresden. Dort nahm ich den Interzonenzug nach Dortmund. Ich ergatterte einen Fensterplatz und war sehr aufgeregt, denn es war meine erste große, weite Reise. Und dann war es auch noch meine Flucht aus der DDR.

Am letzten ostdeutschen Bahnhof gab es dann ganz große Aufregung, da viele Volkspolizisten einstiegen und damit begannen, ein Abteil nach dem anderen gründlich zu durchsuchen. Tatsächlich fanden sie einen jungen Mann, welcher sich im Nebenabteil im Gepäcknetz versteckt hatte. Ich sah vom Fenster aus, dass sie ihn rabiat auf den Bahnsteig schubsten und mitnahmen. Er tat mir sehr leid. Auf dem Bahnsteig liefen laut bellende Schäferhunde herum, alles war sehr angsteinflößend und die Erleichterung, als der Zug endlich weiterfuhr, war allerseits zu spüren.

Freiheit

Der Zug fuhr langsam weiter durch die Nacht. Gegen 4 Uhr morgens schaute ich auf ein nächtliches Lichtermeer. Wir hatten Wolfsburg erreicht. Es war unglaublich hell und bunt. Und viele Autos auf den Parkplätzen, so etwas hatte ich noch nie gesehen.

Um mich herum schliefen die Leute, ich aber war hellwach und konnte es kaum fassen: Ich war glücklich im Westen angekommen!

Genau zwei Stunden später standen bei meiner Mutter im weit entfernten Ebersbach zwei Männer von der Stasi vor der Haustür und wollten mich sprechen. Meine resolute Mutter sagte ihnen, dass ich in Bautzen sei, eine Tante besuchen. Die Stasimänner zogen wieder ab.

Nachdem ich Wolfsburgs Lichtermeer bewunderte, stiegen viele VW-Arbeiter in den Zug um nach ihrer Nachtschicht nach Hause zu fahren. Sie bemerkten, dass ich sehr glücklich war und ich erzählte ihnen, dass ich gerade aus der DDR geflohen bin. Sie freuten sich mit mir, feierten ein wenig und steckten mir so allerhand zu: Äpfel, Schokolade und dann bekam ich 5 D-Mark. Auch neu zugestiegene Fahrgäste in Hannover wollten meine Geschichte hören. Beim Erzählen verging die Zeit wie im Fluge und plötzlich fuhr der Zug in Essen ein.

Ich stieg aus dem Zug. Sah mich staunend um. Christian wollte mich abholen, aber ehe er mich gefunden hatte, sah ich in einem Friseursalon im Bahnhof Nagellack in der Auslage. Ich ging in das Geschäft und meine ersten fünf West-Mark wurden in roten Nagellack investiert, obwohl ich nie welchen benutzt habe. Mein neues Leben begann.

Ein spätes Wiedersehen

Als ich Jahre später eine Reise in die Heimat plante, stand in Essen auf einmal der westdeutsche Verfassungsschutz vor unserer Haustür. Sie warnten mich eindringlich vor einer Reise in die DDR, da ich dort als „Staatsfeindin" geführt wurde und sicherlich eine Haftstrafe in der DDR antreten müsste.

Erst 20 Jahre nach meiner Flucht ließ die DDR meine Mutter und Paul, beide inzwischen schon lange miteinander verheiratet, als Rentner nach West-Deutschland ausreisen. Meine Schwester und deren inzwischen gegründete Familie durfte die DDR erst Ende der 1980er Jahre verlassen, kurz vor der Wiedervereinigung Deutschlands, über 30 Jahre nach meiner Flucht.

FSC
www.fsc.org
MIX
Papier | Fördert
gute Waldnutzung
FSC® C083411

Zeitfracht Medien GmbH
Ferdinand-Jühlke-Straße 7
99095 Erfurt, Deutschland
produktsicherheit@kolibri360.de